Die rechtliche Stellung und die Befugnisse des Reichstagspräsidenten.

Von

Dr. Karl Spengler.

Nürnberg und Leipzig
Verlag von U. E. Sebald
1912

Druck von U. E. Sebald, Kgl. Bayer. Hofbuchdruckerei, Nürnberg.

Literaturverzeichnis.

Altmann, Die Verfassung und Verwaltung im deutschen Reiche und in Preußen. Berlin 1907 (Altmann)†).

Arndt, Verfassung des deutschen Reiches (Kommentar), Berlin 1911 (Arndt, Kommentar).

Arndt, Das Staatsrecht des deutschen Reiches. Berlin 1901 (Arndt).

v. Bar, Die Redefreiheit der Mitglieder der gesetzgebenden Versammlungen. Leipzig 1868 (Bar).

Baumbach, Der deutsche Reichstag. Breslau 1890 (Baumbach).

Brand, Reichsbeamtengesetz. Berlin 1907 (Brand).

Dambitsch, Verfassung des deutschen Reichs. Berlin 1910 (Dambitsch).

Fischer Richard, Das Recht des deutschen Kaisers. Berlin 1895 (Fischer).

Geffcken, Die Verfassung des deutschen Reiches. Leipzig 1901 (Geffcken).

v. Gerber, Grundzüge eines Systems des deutschen Staatsrechts. Leipzig 1865 (Gerber).

Hubrich, Parlamentarische Redefreiheit und Disziplin. Berlin 1899 (Hubrich).

v. Jagemann, Die deutsche Reichsverfassung. (Vorträge.) Heidelberg 1904 (Jagemann).

Kanngießer, Reichsbeamtengesetz (in Kortkampfs Archiv VI, 803). (Kanngießer.)

Kieschke, Die Vertagung, Schließung und Auflösung des deutschen Reichstags. Berlin 1907 (Kieschke).

Kukutsch, Disziplin im Reichstag. Berlin 1885 (Kukutsch).

Laband, Das Staatsrecht des deutschen Reiches. Tübingen 1911 (Laband).

Laband, Deutsche Juristen-Zeitung 1903 (Laband, DJZ.).

Meyer-Anschütz, Lehrbuch des deutschen Staatsrechts. Leipzig 1905 (Meyer-Anschütz).

Mohl, Staatsrecht, Völkerrecht und Politik. Tübingen 1860 (Mohl).

Mohl, In der Zeitschrift für die gesamte Staatswissenschaft, 31. Jahrgang (Mohl, Erörterungen).

Mohl, Vorschläge zu einer Geschäftsordnung des verfassunggebenden Reichstags. Heidelberg 1848 (Mohl, Vorschläge).

Müller, Öffentlichkeit der Reichstagssitzungen in Hirths Annalen des deutschen Reichs (Müller), Jahrgang 1900 S. 567.

Perels, Das autonome Reichstagsrecht. Berlin 1903 (Perels).

Perels-Spilling, Reichsbeamtengesetz. Berlin 1906 (Perels-Spilling).

Reincke, Die Verfassung des deutschen Reiches. Berlin 1906 (Reincke).

---

†) Die Zitierung der Literatur erfolgt in der in den Klammern angegebenen Weise.

v. Rönne, Das Staatsrecht des deutschen Reiches. 1876 (Rönne.)
Schleiden, Die Disziplinar- und Strafgewalt parlamentarischer Versammlungen über ihre Mitglieder. Berlin 1879 (Schleiden).
Schulze, Lehrbuch des deutschen Staatsrechts, 2. Band. Leipzig 1886 (Schulze).
Schulze A., Reichsbeamtengesetz. Leipzig 1908 (Schulze RBG.)
Seidenberger, Der parlamentarische Anstand. Köln 1903 (Seidenberger).
Seligmann Richard, Die staatsrechtliche Stellung des deutschen Reichstagspräsidenten. Frankfurt a. M. 1912 (Seligmann†).
Seydel, Kommentar zur Verfassungsurkunde für das deutsche Reich. Freiburg 1897 (**Seydel, Kommentar**).
Seydel, Der deutsche Reichstag in Hirths Annalen des deutschen Reichs, Jahrgang 1880 S. 417 ff. (Seydel, Annalen).
Weiß Bernhard, Der deutsche Reichstag und seine Geschäftsordnung. Berlin 1906 (Weiß).
Windscheid-Kipp, Lehrbuch des Pandektenrechts. Frankfurt a. M. 1906 (Windscheid-Kipp).
Zorn, Das Staatsrecht des deutschen Reiches. Berlin 1895 (Zorn).

†) Dieses Werk, welches erst nach Fertigstellung der vorliegenden Arbeit erschien, wurde noch kurz vor Drucklegung berücksichtigt.

Inhaltsverzeichnis.

§ 1.

Die rechtlichen Grundlagen des Präsidentenamtes.

Jung ist das Recht des deutschen Reichstags und jung ist die Wissenschaft, welche es zum Arbeitsgebiet erkor [1]). Hebt doch Jagemann (S. 81) mit Recht hervor, daß der Reichstag „als die einzige der grundlegenden Institutionen unseres geeinten Vaterlands erscheint, welche keinen auch nur entfernten Verwandten unter den Einrichtungen des alten deutschen Staatsrechts aufzuweisen hat". Daher muß auch diese Arbeit, welche die rechtliche Stellung und die Befugnisse des Reichstagspräsidenten zum Gegenstand hat, auf rechtshistorische Erörterungen verzichten und sich sofort dem geltenden Recht zuwenden.

Die Reichsgesetzgebung, welche in den Art. 20 ff. der Rechtsverfassung den Reichstag als Organ des Reiches schuf, mußte darauf bedacht sein, dieses Organ durch eine innere Ausgestaltung zu befähigen, in geordneter und wirksamer Weise tätig zu werden. Die Verfassung erfüllte diese Aufgabe durch Art. 27 RV., indem sie dem Reichstag Autonomie bezüglich der Ordnung seines Geschäftsgangs und seiner Disziplin einräumte und zugleich das Amt des Präsidenten, Vizepräsidenten und der Schriftführer festsetzte. Dieser Vorschrift verdankt das Amt des Reichstagspräsidenten seine Entstehung. Die weitere Entwicklung und Ausgestaltung erfolgte auf Grund der gewährten Autonomie des Reichstags durch zwei Rechtsquellen: das statutarische Recht und die Observanzen.

Das statutarische Reichstagsrecht ist enthalten in der Geschäftsordnung (GeschO.) des Reichstags. Für sie war bis in Einzelheiten die Geschäftsordnung des preußischen Abgeordnetenhauses bestimmendes Vorbild. Nach mancherlei Änderungen ist jetzt die Fassung vom 10. Februar 1876 maßgebend. Zunächst den Reichstag, der sie sich gab, allein bindend, wurde die Geschäftsordnung in der ersten Zeit von jedem Reichstag bei Beginn einer Legislaturperiode ausdrücklich übernommen, während jetzt die stillschweigende Anerkennung die Regel bildet [2]).

---

1) Vgl. hierzu die Ausführungen des Abgeordneten Junck vom 29. März 1911 (XII. 2. 5951).

2) Seydel (Ann.) S. 408. A. M. Seligmann S. 5.

Daneben steht das Gewohnheitsrecht. Auch im autonomen Kreis kommt es zur Geltung und trägt gerade wegen der Jugend des Parlamentsrechts viel zu seiner Weiterbildung und Ergänzung bei. So war es bereits in der kurzen Zeit des Bestehens des Reichstagsrechts unausbleiblich, daß sich „tatsächlich eine Reihe bewährter Bestimmungen von Reichstag zu Reichstag als eine Art edicta tralaticia fortpflanzte"[3]). Freilich ist das Gewohnheitsrecht in seiner Geltung beschränkt auf den autonomen Kreis; nie wird es, soweit es im Reichstag entsteht, auf die Verfassung einwirken können. Aber innerhalb dieser Schranke steht die Observanz dem statutarischen Recht „ebenbürtig, zumal hinsichtlich ihrer verbindlichen Kraft, zur Seite; auch sie bildet einen Ausfluß der Autonomie und ist objektives Recht[4])."

Nicht zu vergessen sind noch die sog. Reichstagbräuche d. h. Rechtsanschauungen, an die sich der Reichstag übungsgemäß zu halten pflegt. Sie haben noch nicht die verbindliche Kraft des Gewohnheitsrechtes erlangt, sodaß der Reichstag jederzeit von ihnen abweichen kann, wenn er will[5]). Doch ist die Bedeutung nicht zu unterschätzen, welche sie auf die fernere Entwicklung des bestehenden Rechtszustands gewinnen können.

I. Abschnitt.

§ 2.

Die rechtliche Stellung des Reichstagspräsidenten im allgemeinen.

Daß ein Reichstagspräsident vorhanden sein muß, besagt Art. 27 RV., wodurch die Existenz des Präsidenten verfassungsrechtlich begründet und gewährleistet wird. Alles andere, die nähere Ausgestaltung des Organs, die Fülle der Befugnisse und den Inhalt der

3) Seydel, Ann. S. 408.

4) Perels S. 3. Ebenso Seligmann S. 6. Über die Bildung von Gewohnheitsrecht im autonomen Kreis: Gerber S. 13, Windscheid-Kipp S. 92, Schulze § 9, Rönne-Zorn I, 143, Bornhak „Preuß. Staatsrecht," Breslau 1911 S. 99, Sturm, Revision der gemeinrechtlichen Lehre vom Gewohnheitsrecht unter Berücksichtigung des neuen deutschen Reichstagsrechts, Leipzig 1900, Jagemann 138, Mohl (Erörterungen) 50, anders Laband, DJZ. 9.

5) Vgl. Äußerung des Präsidenten vom 22. Juni 1909 (XII. 1, 8770): „So hat sich mit Zustimmung der Mehrheit der Usus herausgebildet .... Ich gebe aber zu, daß, wenn ein diesbezüglicher Antrag gestellt würde, man diesem Antrag für die Zukunft geschäftsordnungsmäßige Folge leisten müßte."

Funktionen bestimmt die Autonomie des Reichstages auf Grund eben jenes Art. 27 RV. in der Geschäftsordnung; daher sagt Jagemann (S. 132): „Das Reichstagspräsidialamt ist in rechtlicher Beziehung statutarisch wohl ausgestattet". Dieser Umstand ist für die juristische Qualifikation der Präsidenteneigenschaft von grundlegender Bedeutung; denn dadurch ist ein staatsrechtliches Organ ganz eigener Art geschaffen. Während der Kaiser mit und neben dem Bundesrat Träger von Rechten kraft eigenen Rechts[6]), der Reichskanzler es kraft Verfassungsrechts ist, stellt sich der Reichstagspräsident als Träger von Rechten auf Grund einer gewährten Autonomie und zwar kraft Delegation dar. Zunächst nämlich stattete die Reichsverfassung den Reichstag mit allen Rechten hinsichtlich seines Geschäftsgangs und seiner Disziplin aus. Da dieser aber unfähig ist, sie selbst auszuüben, so wurde als Organ hiezu das Amt des Präsidenten geschaffen, dem dann der Reichstag statutarisch eine Anzahl seiner Rechte und Befugnisse verlieh. Auf diesem Weg findet also eine Übertragung von Rechten, welche ursprünglich dem Reichstag als der Gesamtheit aller Abgeordneten zustehen, an ein Mitglied, den Präsidenten, statt. Motiv dieser Übertragung ist natürlich eine Reihe praktischer Gründe, die alle auf eine ersprießliche und einheitliche Ausübung dieser Rechte abzielen. So trat eine Teilung in der dem Reichstag zustehenden Rechtsstellung ein: einen Teil seiner Rechte überwies er dem Präsidenten, teils völlig, teils zur Ausübung, der andere Teil steht ihm als Kollegium noch zu. Folgerichtig wird nun der Präsident in seinem Amt tätig im Namen des Reichstags, nie kraft eigenen Rechts; wo und wie immer er auftritt, ist er der Bevollmächtigte der parlamentarischen Körperschaft. Angedeutet findet sich das Prinzip der Delegation nur bei Seydel (Ann. S. 411), wenn er dem Präsidenten eine bestimmte Befugnis abstreitet, mit der Begründung, „weil sie auch der Reichstag, von welchem der Präsident seine Befugnis ableitet, nicht besitzt", und bei Seligmann (S. 71), der von einer definitiven Übertragung der in § 46 GeschO. festgelegten Befugnisse durch den Reichstag an den Präsidenten spricht. Unabhängig von dieser rechtlichen Konstruktion der Präsidentenstellung ist natürlich die Frage, inwieweit der Reichstagspräsident in dem ihm zugewiesenen Wirkungskreis selbständig und unabhängig vom Reichstag wirkt. Darüber siehe unten S. 64.

Aus dem Prinzip der Delegation folgt unmittelbar, daß die Rechtsstellung des Präsidenten stets durch den Reichstag abgeändert werden kann, indem dieser die präsidialen Rechte schmälert oder

---

6) Schulze S. 37, Fischer S. 26 ff., Laband I, 211 ff.

erweitert. Der Präsident verdankt ja seine rechtliche Stellung der Geschäftsordnung d. i. einem Mehrheitsbeschluß des Reichstags[7]); denn die Reichsverfassung „überläßt der Geschäftsordnung die Feststellung der Zuständigkeiten" der Reichstagsorgane[8]). Die Geschäftsordnung selbst aber kann jederzeit durch einen Mehrheitsbeschluß des Reichstags abgeändert werden[9]). Dadurch wird die Rechtsstellung des Präsidenten abhängig von der Majorität des Hauses. Befürchtungen jedoch, welche da sofort wach werden, sind nicht gerechtfertigt: denn in praxi wirken dem anscheinend unsicheren Fundament wieder vielfach Momente bleibender Natur wie die Notwendigkeit eines kraftvollen und reich mit Rechten bedachten Präsidiums entgegen, wie auch die Geschichte des Reichstags beweist, da seit fast 45 Jahren in wesentlichen Punkten sich nichts an der Rechtsnatur des Präsidentenamts geändert hat.

Die Rechtsstellung des Reichstagspräsidenten baut sich auf der Abgeordneteneigenschaft auf[10]). Nur ein Mitglied des Hauses kann Präsident werden; andererseits bedingt die Eigenschaft als Präsident keineswegs den Verlust des Abgeordnetencharakters, wie dies beim Sprecher des englischen Parlaments der Fall ist. Das findet darin seine Bestätigung, daß der Präsident wie die Abgeordneten an der Abstimmung des Hauses teilnimmt (GeschO. § 56, Abs. 5). Immerhin ist ein Unterschied zu machen, ob der Präsident als solcher oder als Abgeordneter tätig wird. Die Trennung der Funktionen kommt zum Ausdruck in der Bestimmung des § 42, Satz 2 GeschO., wonach der Präsident den Vorsitz abzugeben hat, wenn er sich an einer Debatte beteiligt; beim Aufruf zum Wort wird dann der Präsident einfach als Abgeordneter bezeichnet. Weil er Abgeordneter ist, genießt der Präsident die besonderen Privilegien dieser Stellung, nämlich die Immunität der Abgeordneten, wie sie verfassungsrechtlich garantiert ist in den Art. 30, 31 RV. mit § 11 StGB.: besondere Freiheit des Worts und besonderer Schutz gegenüber gerichtlichen Zwangshandlungen[11]). Weitergehende Privilegien besitzt der Präsident an sich nicht und gerade nach dieser bedeutungsvollen Seite hin zeigt sich die

---

7) Weiß, S. 4 ff. über das rechtliche Wesen der Geschäftsordnung.

8) Seydel, Ann. S. 409.

9) Weiß S. 40 ff, Baumbach S 31, Perels S. 2, Seydel Ann. S. 409, Laband I, 345 und DJZ. S. 5, Jagemann S. 137 und Abg. Müller V vom 19. Januar 1909: „Die Mehrheit des Reichstags hat das Recht, die Geschäftsordnung abzuändern." Rönne S. 257, 283.

10) Ebenso Seligmann S. 1.

11) Über die rechtliche Stellung der Abgeordneten vergleiche Seydel, Ann. S. 401, Laband I S. 355, Meyer-Anschütz S. 453, Arndt S. 139, Baumbach S. 20, Jagemann S 138, Geffcken S. 80, Zorn S. 230, Schulze S. 83.

Abgeordneteneigenschaft als Fundament der Präsidentenstellung. Freilich tritt äußerlich der Abgeordnete hinter der Machtfülle und vielseitigen Betätigung des Präsidenten zurück, aber juristisch ist die Abgeordnetenstellung für den Präsidenten die unerläßliche Voraussetzung. Das tatsächliche Überragen der Präsidentenstellung kommt darin zum Ausdruck, daß der jeweilige Präsident aus seiner Fraktion ausscheidet und formell keiner Partei des Reichstags angehört[12]).

Maßgebend für die Rechtsstellung des Präsidenten im allgemeinen ist § 13 GeschO., der sie in kurzen Zügen, aber erschöpfend kennzeichnet. Darnach obliegt dem Präsidenten die Leitung der Verhandlungen, die Handhabung der Ordnung und die Vertretung des Reichstags nach außen. Was das Vorhandensein eines Präsidenten gebieterisch fordert, ist der Gedanke, die Tätigkeit des Parlaments zu einer fruchtbaren zu machen. Eine Körperschaft, welche aus einer so großen Anzahl von Mitgliedern besteht und die so vieles und wichtiges zu leisten hat wie der deutsche Reichstag als die Vertretung einer großen Nation, kann eines einheitlichen Willens nicht entbehren, der alles nach gleichen Gesichtspunkten ordnet, leitet und zum Ziel führt. Diese oberste Pflicht, dieses alleinige Ziel, das dem Präsidenten letzten Endes vorschweben muß, nämlich die Förderung der Geschäfte des Reichstags[13]), erwähnt § 13 GeschO. gar nicht, sondern er bezeichnet sofort die Mittel, welche dem Präsidenten die Erreichung dieses Zieles verbürgen sollen und können. Hiezu sind die Geschäftsleitung, die Ordnungsgewalt und die Vertretungsbefugnis die notwendigen Vorbedingungen und daher hat § 13 sie zu den Grundrechten des Präsidentenamts erhoben. Ihrer kann der Präsident nie entraten, wenn er eine wirksame Tätigkeit entfalten soll. So stellt sich § 13 mit Recht als die für die Präsidentenstellung grundlegende Vorschrift dar, auf der alle anderen das Präsidentenamt betreffenden Bestimmungen sich aufbauen, indem sie die hier einheitlich niedergelegten Grundlinien des weiteren ausführen.

Mit seiner allgemeinen Festlegung gibt § 13 die Ausdehnung und zugleich die Grenze der Präsidentenstellung. Der bestimmte klare Wortlaut der Vorschrift veranlaßt sogleich eine weitere wichtige Folgerung. Da § 13 GeschO. den Präsidenten bündig und ohne jede Einschränkung als jenes Organ charakterisiert, das die Verhandlungen zu leiten, die Ordnung zu handhaben und den Reichstag nach außen zu vertreten hat, so stehen dem Präsidenten alle jene

---

12) Baumbach S. 66.

13) Diesem alles beherrschenden Gedanken verliehen die Präsidialerklärungen vom 20. Februar 1907 und 1. März 1910 überzeugenden Ausdruck.

Rechte und Tätigkeiten zu, welche unter den § 13 subsummiert werden können, m. a. W. für den Präsidenten spricht die Vermutung der Zuständigkeit, sobald er als Leiter der Geschäfte, als Hüter der Ordnung und als Vertreter des Reichstags bei einer Betätigung nach außen auftritt.

Anklänge an den Gedanken der grundsätzlichen Bedeutung des § 13 GeschO. finden sich hie und da in der Literatur, wenn er auch in seiner Allgemeinheit noch nicht scharf ausgesprochen wurde. So kommt Hubrich (S. 432) bei seinen Ausführungen über die parlamentarische Disziplin auf Grund der Bestimmung des § 13 bezüglich „der Handhabung der Ordnung" auf die zweifache Stellung des Präsidenten gegenüber den Reichstagsmitgliedern und den Hausfremden. Laband (DJZ. S. 6) leitet aus dem § 13 das Recht des Präsidenten ab, in Zweifelsfällen die Geschäftsordnung auszulegen; erst Perels (S. 17) erkennt dem § 13 eine programmatische Stellung zu.

So ist der Reichstagspräsident das oberste Organ des Reichstags, der Vorsitzende des Vorstands des Reichstags. Seydel (Ann. S. 411) nennt ihn „das Oberhaupt des Reichstags" und diese Charakterisierung ist sehr zutreffend; denn der Präsident steht als „primus inter pares" (Mohl S. 286) an der Spitze des Reichstags. Er ist im Verhältnis nach außen der berufene Repräsentant des Hauses, im Verhältnis nach innen jenes Organ, welches die Tätigkeit des Reichstags in bestimmender Weise veranlaßt, regelt und leitend beaufsichtigt.

Das Amt des Präsidenten ist ein Ehrenamt, wie auch alle anderen von Abgeordneten bekleideten Ämter Ehrenämter sind. Zur Verfügung des Präsidenten steht das in nächster Nähe des Reichstagsgebäudes befindliche Reichstagspräsidentenpalais, während eine besondere finanzielle Entschädigung nicht gewährt wird[14]). Der Präsident bezieht bloß jene Mittel, welche er als Abgeordneter auf Grund des Reichsgesetzes vom 21. Mai 1906 (RGBl. S. 467) zu beanspruchen hat[15]).

Für die Entstehung des Präsidentenamts ist die Wahl durch den Reichstag selbst maßgebend[16]). Die Wahlhandlung vollzieht

---

14) Erst in neuerer Zeit wurden in parlamentarischen Kreisen wieder Strömungen bemerkbar, für den Präsidenten eine feste Repräsentationszulage zu erreichen, da bisher bei der Auswahl des Präsidenten auch finanzielle Gesichtspunkte von ausschlaggebender Bedeutung waren.

15) Dambitsch II zu Art. 32 RV., Seydel Ann. S. 409.

16) Über die Zweckmäßigkeit der Überlassung der Präsidentenwahl an die Kammer selbst siehe Mohl S. 290, Welcker S. 423, Perels S. 15, Seydel Ann. S. 410, Baumbach S. 33 und Laband I, S. 349.

sich unter dem Vorsitz des Alterspräsidenten bezw. des bisherigen Präsidenten, sobald eine beschlußfähige Anzahl von Abgeordneten zusammengetreten und ihre Anwesenheit durch Namensaufruf festgestellt ist. Die Wahl beginnt mit der Verlesung des hiefür einschlägigen § 9 GeschO. und erfolgt durch Abgabe von Stimmzetteln. Gewählt ist, wer die absolute Stimmenmehrheit erreichte d. h. mehr als die Hälfte aller giltig abgegebenen Stimmen auf sich vereinigte[17]). Fällt nicht sofort die Entscheidung, so konkurrieren in einem zweiten Wahlgang diejenigen fünf Kandidaten, welche die meisten Stimmen erhielten. Unter Umständen kommt es noch zu einem dritten Wahlgang unter den zwei bisher erfolgreichsten Kandidaten, unter denen dann bei Stimmengleichheit das Los entscheidet, welches der Präsident zieht. In der gleichen Weise vollzieht sich die Wahl der beiden Vizepräsidenten. Abweichungen von dieser regelmäßigen Art der Präsidentenwahl fanden bereits mehrfach statt, indem die Wahl per acclamationem vor sich ging.[18])

Das Amt des Präsidenten beginnt erst mit der Annahme der Wahl. Einen Fingerzeig hiefür gibt § 11, Abs. 2 GeschV., wonach ein zum Schriftführer gewählter Abgeordneter erst nach Ablauf von vier Wochen zurücktreten kann. Da ein zum Schriftführer Gewählter aber gleich nach Bekanntgabe des Wahlergebnisses ablehnen darf, so ergibt sich, daß sein Amt erst mit der Annahme der Wahl beginnt. Das Gleiche hat analog für den Präsidenten zu gelten. Auch die stets beobachtete Übung im Reichstag, einen zum Präsidenten Gewählten zu fragen, ob er das Amt annehme, deutet daraufhin[19]). Eine Verpflichtung, nach der Wahl das Amt anzunehmen, besteht nicht.

Was die Dauer der Amtsführung anlangt, so wird der Präsident in der ersten Session einer neubeginnenden Legislaturperiode zunächst auf vier Wochen gewählt, dann auf die übrige Dauer der Session. In den späteren Sessionen erfolgt die Wahl sofort für die ganze Session, § 11 GeschO.[20]). Wird der Reichstag durch den Kaiser vertagt (RV. Art. 12), so hat dies auf die Dauer des Präsidentenamts keinerlei Einfluß; der Präsident bleibt in seiner Stellung und führt bei Neueinberufung des Reichstags die Geschäfte ohne weiteres

---

17) Über die nähere Berechnung der absoluten Stimmenmehrheit siehe Seydel Ann. S. 410, Perels S. 16, N. 74.

18) Siehe Perels S. 6c und N. 27, ferner in neuerer Zeit die Wahlen vom 12. Januar 1904, 15. Februar 1904, 1. März 1910, 24. November 1910.

19) Ebenso Abg. v. Normann vom 1. Dezember 1909 (XII, 2, 11), Seligmann S. 9.

20) Über die Zweckmäßigkeit dieser Vorschrift s. Mohl (Vorschläge) S. 10, S. 291.

fort. Das ist eine Folge des Prinzips der Kontinuität, da die Vertagung ohne weitere rechtliche Bedeutung ist[21]). Naturgemäß ist es auch belanglos, wenn sich der Reichstag selbst vertagt; denn es handelt sich hier allein um die zeitliche Festsetzung seiner Tätigkeit und die Regelung der Ruhepausen[22]).

Beendigt wird das Amt des Präsidenten zunächst durch alles, was ihm die Abgeordneteneigenschaft entzieht[23]). Hier ist besonders bemerkenswert die Auflösung des Reichstags durch den Kaiser (RV. Art. 12, 25), die für alle Abgeordneten den Mandatsverlust mit sich bringt[24]). In gleicher Weise erlischt das Präsidentenamt mit der Schließung des Reichstags (Art. 12 RV.), weil beim Wiederzusammentritt des Reichstags eine Neukonstituierung notwendig wird. Dies läßt sich aus dem für die Schließung des Reichstags geltenden und von der Geschäftsordnung in § 70 selbst anerkannten Grundsatz der Diskontinuität ableiten, wonach durch die Schließung eine Session ihr Ende findet und die neue Session eine Neuorganisierung verlangt[25]). Schließlich findet das Präsidentenamt, abgesehen vom Tod des Inhabers, sein Ende durch freiwilligen Rücktritt, der jederzeit erfolgen kann. Eine ausdrückliche Vorschrift findet sich darüber in der Geschäftsordnung nicht. Da aber der bereits oben herangezogene § 11 Abs. 2 GeschO. den Schriftführer das Amt erst nach vier Wochen nach der Wahl niederlegen läßt, so muß dem Präsidenten, da über ihn nichts gesagt ist, das Recht des Rücktritts jederzeit zustehen[26]).

Beachtenswert ist noch die Bestimmung von § 1 Abs. 2 GeschO., wonach innerhalb einer Legislaturperiode der Präsident einer Session seine Funktion fortsetzt bis zur vollendeten Wahl des Präsidenten der nächsten Session. Sie leitet der bisherige Präsident, wobei er das Recht hat, vier Abgeordnete zu einstweiligen Schrift-

---

21) Laband I, 342, Seydel Ann. S. 407, Pröbst zu Art. 26 RV, Rönne S. 261, Arndt S. 132, Perels S. 105, Dambitsch S. 48, Kieschke S. 48.

22) Seydel Ann. S. 407, Perels S. 104, Arndt S. 132, Meyer-Anschütz S. 450, Laband I S. 343.

23) Über das Erlöschen der Abgeordneteneigenschaft siehe Seydel Ann. S. 396 ff., Laband I S. 343, Geffcken S. 67.

24) Ebenso Seydel S. 407, Rönne S. 263, Dambitsch II zu Art. 24 RV., Kieschke S. 52, Arndt S. 135.

25) Laband I S 342, Seydel Ann. S. 407, Pröbst zu Art. 26 RV., Rönne S. 261, Arndt S. 133, Dambitsch V zu RV. Art. 12, Kieschke S. 39.

26) Ebenso Seydel Ann. S. 411, Perels S. 16, Seligmann S 12.

führern zu ernennen, bis die Konstituierung des neuen Vorstands vollendet ist (§ 1 Abs. 3 GeschO.). Ein Alterspräsident tritt also nur in der ersten Session einer Legislaturperiode auf. Die Bestimmung steht nicht im Widerspruch zu § 11 GeschO., wonach der Präsident für die Dauer einer Session gewählt wird. § 11 GeschO. setzt fest, daß mit der Beendigung der Session das Präsidentenamt als solches seinen Abschluß findet; § 1 GeschO. bestimmt dazu eine Fortwirkung zur Führung bestimmter notwendiger Geschäfte. Eine solche rechtliche Regelung hat nichts Überraschendes, wenn man als Analogon die Stellung des Vorstandes eines Vereins oder einer Aktiengesellschaft nach Eintritt der Liquidation heranzieht.

Neben dem Präsidenten kennt die Organisation des Reichstags noch einen ersten und zweiten Vizepräsidenten. Sie sind Stellvertreter des Präsidenten, wenn dieser verhindert ist. § 13 Abs. 2 GeschO. Auch das Amt eines Vizepräsidenten leitet seine Existenz ab von dem Art. 27 RV. und erhält seine rechtliche Weiterbildung durch die Geschäftsordnung. Juristisch besteht zwischen dem Präsidenten und den Vizepräsidenten allein der Unterschied, daß letztere in Verhinderung des ersteren, also rein subsidiär und zwar nach der Reihenfolge ihrer Erwählung in Tätigkeit treten. Kommt es nicht dazu, so haben die Vizepräsidenten lediglich Abgeordneteneigenschaft mit der Anwartschaft als berufene Stellvertreter des Präsidenten im Verhinderungsfall das Präsidentenamt auszuüben[27]). Sobald aber ein Vizepräsident die Funktionen des Präsidenten ausübt[28]), hat er alle Rechte des Präsidenten und übt sie kraft eigenen Amts aus, nicht im Namen des Präsidenten. Der amtierende Vizepräsident hat genau dieselbe rechtliche Stellung wie der Präsident; ganz richtig erklärt der Vizepräsident am Anfang einer Sitzung: „Ich habe Urlaub erteilt den Abgeordneten .....". Mit der Beendigung der Funktion erlischt dann die Präsidialgewalt. Die beiden Vizepräsidenten stehen sich rechtlich gleich mit dem Abmaß, daß der erste Vizepräsident zur Vertretung des Präsidenten primär berechtigt ist. Praktisch sind natürlich die Vereinbarung und die Gesichtspunkte einer vorteilhaften Geschäftsverteilung maßgebend.

---

27) Vgl. Perels S. 18 und die dort abgedruckte Erklärung des Präsidenten vom 12. Mai 1900: „Ein Kollegium, was das Präsidium heißt, gibt es nicht."

28) Ebenso Seligmann S. 12; in der Sitzung vollzieht sich die Übernahme des Präsidiums ohne jede Förmlichkeit; höchstens findet sich hie und da in den Sitzungsberichten die Beifügung: „Der Präsident übernimmt den Vorsitz."

Das Institut des Alterspräsidenten[29]) tritt lediglich in der ersten Session einer Legislaturperiode beim Zusammentritt des neugewählten Reichstags in Erscheinung. Hier übernimmt das älteste Mitglied, das durch Befragung des Hauses ermittelt wird, den Vorsitz und leitet die Konstituierung des Reichstages. Die Berechtigung als Alterspräsident zu wirken, ist keine höchst persönliche für das älteste Mitglied; eine Übertragung an das nächstjüngere Mitglied der Versammlung usw. ist möglich, § 1 GeschO. Während der Dauer seiner Tätigkeit stehen dem Alterspräsidenten alle präsidialen Rechte zur Verfügung, soweit er ihrer zur Ausübung seiner Obliegenheiten bedarf. Die Geschäftsordnung enthält nichts darüber, aber diese Annahme mit ihrer Beschränkung der Stellung des Alterspräsidenten liegt in der Natur dieses Amts. Der Alterspräsident hat zweifellos die in der Geschäftsordnung dem Präsidenten zustehenden Disziplinarbefugnisse, während ihm die Rechte des § 14 GeschO. mangeln. Ist die Wahl des Präsidenten erfolgt, dann erlischt das Amt des Alterspräsidenten und der gewählte Präsident übernimmt sofort den Vorsitz des Hauses und leitet die nun folgenden Wahlen.

Ergänzend muß noch angeführt werden das Amt des Hilfspräsidenten, der auch Ersatzpräsident oder Präsident pro tempore genannt wird[30]). Diese Erscheinung auf dem Gebiet des Reichstagsrechts entbehrt jeder statutarischen Grundlage; es ist einzig und allein den Bedürfnissen der Praxis entsprungen und observanzmäßig festgehalten. Es soll hier auf Zeit ein Vertreter des Präsidenten geschaffen werden, der ihn in einem gewissen Kreis seiner Funktionen zu vertreten hat, in der Leitung der Verhandlungen. Dieses Moment unterscheidet den Ersatzpräsidenten vom Vizepräsidenten, der den Präsidenten im Verhinderungsfall in der Gesamtheit seiner Funktionen vertritt. Ein Analogon bildet das Verhältnis vom General- und Spezialvertreter im bürgerlichen Recht. Gewöhnlich stellt im Reichstag ein Abgeordneter den Antrag auf Aufstellung eines Hilfspräsidenten und schlägt einen bestimmten Abgeordneten vor (Form des Antrags wie bei P e r e l s S. 18 Anhang). In den stenographischen Berichten führt der Hilfspräsident den Titel: „Vertreter des Präsidenten, Abgeordneter ....“[31]).

---

29) Hiezu P e r e l s S 13. Bemerkenswert ist die Kritik, welche M o h l in seinen Vorschlägen (S 8) an dem Institut des Alterspräsidenten übt.

30) P e r e l s S. 18 (Anhang).

31) In neuerer Zeit Wahlen eines Hilfspräsidenten am 9. Februar 1905 (XI, 1, 4413) und 29 November 1905 (XI, 2, 2323)

Anhang.

Die Stellung des Präsidenten im Reichstagvorstand.

Der Vorstand des Reichstags setzt sich zusammen aus dem Präsidenten, den Vizepräsidenten, den Schriftführern und den Quästoren[32]). An der Spitze steht infolge seiner überragenden Bedeutung der Reichstagspräsident. Jedoch ist der Vorstand als solcher kein Organ des Reichstags im Sinn der Geschäftsordnung; es sind ihm auch keinerlei Funktionen und Aufgaben zugewiesen. Praktisch wird er tätig auf Anregung des Präsidenten, dem er als beratendes Institut zur Seite steht. Somit stellt er keine Beschränkung des Präsidentenamts dar, geschweige, daß durch den Vorstand dem Präsidenten bindende Weisungen gegeben werden könnten. Ebensowenig ist der Präsident innerhalb des Reichstagsbüros irgendwie beschränkt; dieses bilden alle Vorstandsmitglieder, welche gerade in einer Sitzung amtieren.

II. Abschnitt.

Die Befugnisse des Reichstagspräsidenten.

§ 3.

Die Leitung der Geschäfte des Reichstags.

§ 13 GeschO., diese für das Amt des Reichstagspräsidenten grundlegende Vorschrift bildet bei der Normierung der Rechte und Tätigkeiten des Präsidenten[33]) gleich drei Unterabteilungen, unter denen sie die Leitung der Verhandlungen an die Spitze stellt. Das ist kein Zufall. Gerade die Verhandlungsleitung, unter deren Bezeichnung die Leitung der Geschäfte des Reichstags insgesamt (da ja alles darauf abzielt die Verhandlungen des Reichstags möglichst fruchtbringend zu gestalten) zu verstehen ist, stellt die hauptsächlichste, wichtigste und verantwortungsvollste Aufgabe des Präsidenten dar und ist deshalb berechtigterweise an erster Stelle genannt. Sie umfaßt selbst wieder eine Reihe von Befugnissen und Pflichten des Präsidenten, welche besonders in der Vorbereitung und Leitung

32) Daß diese Personen zum Reichstagsvorstand gehören, ergibt sich aus der Überschrift des zweiten Abschnitts der GeschO „der Vorstand des Reichstags“ A M Seligmann S 14 Wenn Perels S. 14 dazu noch die Abteilungsvorstände rechnet, so erscheint dies als nicht genügend begründet. Vgl. Laband I, 349, Seydel Ann S 410

33) Allgemeine Übersicht darüber bei Laband I, S 349

der Verhandlungen wie in der Erledigung allgemeiner Verwaltungsgeschäfte sich äußern.

Bevor jedoch auf Einzelheiten eingegangen werden kann, sind noch einige Vorfragen zu erledigen.

a) Norm für den Präsidenten bei der Erledigung der Geschäfte ist die Geschäftsordnung; stellt sie doch „die ordnungsmäßigen Vorschriften“[34]) dar, „den Inbegriff von festnormierten Vorschriften über die Art und Weise des innerhalb einer parlamentarischen Körperschaft zu beachtenden Geschäftsverfahrens“[35]). An die Geschäftsordnung ist der Präsident in seiner Tätigkeit ebenso gebunden, wie er sie anderen gegenüber zu handhaben hat.

Nun können sich bei der Anwendung der Geschäftsordnung Zweifel über die Auslegung von einzelnen Bestimmungen ergeben, deren Fassung Mehrdeutungen zuläßt. Eine ausdrückliche Vorschrift findet sich in der Geschäftsordnung nicht. Weiß (S. 23 ff. Kap. II: die Auslegung der Geschäftsordnung) behandelt die Frage in sehr eingehender und ausführlicher Weise. Er unterscheidet zwischen doktrineller und authentischer Auslegung und kommt zu dem Schluß, daß der Reichstag selbst Subjekt der doktrinellen Auslegung ist[36]), indem er durch einen Mehrheitsbeschluß mit Wirkung für den einzelnen Fall entscheidet. Zum gleichen Ergebnis gelangt auch Seligmann (S. 53 ff.), der im großen und ganzen die von Weiß gebahnten Wege geht. Weiß argumentiert so: jede Norm hat derjenige auszulegen, der sie anzuwenden hat; die Geschäftsordnungsbestimmungen hat der Reichstag anzuwenden; also hat der Reichstag das Recht der Auslegung[37]). An dieser Schlußfolgerung ist gleich der Satz zu bekämpfen: der Reichstag hat die Geschäftsordnung anzuwenden. Die Behauptung, für deren Richtigkeit Weiß wie Seligmann keinen Beweis erbringt, ist in dieser Allgemeinheit nicht zutreffend. Die Geschäftsordnung zerfällt in Vorschriften über verschiedene Gebiete, in denen der Reichstag in seiner Gesamtheit gar nicht tätig wird, wo er gar nicht in die Lage kommt an der Auslegung teilzunehmen, so z. B. bei den §§ 26—31 GeschO., welche über die Behandlung der Vorlagen, Anträge und Petitionen in den Kommissionen handeln. Daher ergeben sich auf dem Weg der sonst freilich unanfechtbaren Schlußfolgerung von Weiß verschiedene Subjekte der Auslegung: der Reichstag bei den allgemeinen Vor-

---

34) Seydel Ann. S. 408.

35) Weiß S. 1.

36) So entgegen früherer Auffassung Präsident vom 23. Januar 1908 (XII, 1, 3085): „Die Auslegung der Geschäftsordnung ist nicht Sache des Präsidenten, sondern Sache des Hauses“.

37) Weiß S. 25, 27.

schriften, die Kommissionen bei den sie betreffenden Bestimmungen[38]), vor allem der Präsident bei allen Vorschriften, welche von seiner Tätigkeit handeln, wobei wieder § 13 GeschO. die Richtschnur liefert. Darnach ist der Präsident Subjekt der Auslegung bei allen Bestimmungen, bei denen es sich um die Leitung der Verhandlungen, die Handhabung der Ordnung und die Vertretung des Reichstags nach außen handelt.

Daß der Präsident die Geschäftsordnung auszulegen habe (was in dieser allgemeinen Fassung allerdings nicht richtig ist) wurde bereits früher von Theoretikern und Praktikern behauptet[39]) und Weiß, der einen weiteren Abschnitt der Widerlegung dieser Ansicht widmet, bekämpft hauptsächlich Perels und Laband als die bedeutendsten Vertreter.

Perels[40]) leitet das Auslegungsrecht des Präsidenten ab von der Bestimmung des § 13 GeschO., wonach dem Präsidenten „die Leitung der Verhandlungen obliegt". Weiß (S. 30) tritt dieser Folgerung mit dem Hinweis entgegen, daß „das Leiten der Verhandlungen und das Auslegen von Geschäftsordnungsbestimmungen etwas grundverschiedenes seien". Das Leiten der Verhandlungen durch den Präsidenten besteht aber darin, über die Beachtung der bestehenden Verhandlungsnormen zu wachen[41]) und sie, falls ihnen zuwidergehandelt wird, dem Verletzer gegenüber zur Geltung zu bringen, d. i. anzuwenden.[42]) Wer aber „eine Norm anzuwenden hat, ist Subjekt der Auslegung" (Weiß). Der Ge-

---

38) Abg. v Richthofen-Damsdorf vom 19 Januar 1909 (XII, 1, 8697)· „Die Geschäftsordnung wird in ihren Bestimmungen ausgelegt immer von der Körperschaft, für die sie da ist; etwas anderes gibt es gar nicht.
Ich erlaube mir, daran zu erinnern, daß, als im Jahr 1906 geschäftsordnungsmäßige Schwierigkeiten in der Zolltarifkommission entstanden, der damalige Abg Rettich sich im Auftrag der Kommission zum langjährigen bewährten Präsidenten, dem Grafen Ballestrem, begab und als Resultat mitgeteilt hat, daß der Graf Ballestrem der Meinung sei, über die Geschäftsordnung habe die Kommission allein selbständig zu befinden."

39) Siehe die Belegstellen bei Weiß S. 28 Anm. 1, 2, Mohl Erörterungen S 50, dazu Jagemann S 132: „Bezüglich der vorhandenen Bestimmungen entscheidet auch der Präsident für sich allein über die Auslegung, die er geben will"

40) Perels S 17: „zur Leitung der Verhandlungen gehört auch die Entscheidung, wenn im einzelnen Fall Zweifel über die Auslegung von Bestimmungen der Geschäftsordnung entstehen Eine Beschlußfassung des Hauses erscheint hier unzulässig."

41) Abg. Südekum vom 1 Dezember 1909 (XII, 2, 12): „Nach unserer Geschäftsordnung ist der Präsident ausdrücklich als Hüter der Geschäftsordnung berufen".

42) Mohl, Erörterungen S. 50: „Der Präsident hat . . die Bestimmungen der Geschäftsordnung zur Anwendung zu bringen"

dankengang von Perels muß als richtig anerkannt werden, wenn er auch zu weit geht.

Laband (DJZ. S. 6) folgert die Auslegungsbefugnis des Präsidenten aus der Bestimmung des § 13 GeschO.: dem Präsidenten liegt die Handhabung der Ordnung ob. Es ist Weiß zuzugeben, daß Ordnung hier die Ordnungsgewalt, die Polizeigewalt des Präsidenten (aber auch außerhalb der Sitzungen) in sich begreift; damit ist nur erwiesen, daß Laband von einem zu untergeordneten Punkt aus den Weg zur Lösung einschlug. Gerade hier wird Weiß nicht behaupten wollen, daß die Ordnungsvorschriften vom Reichstag als solchem anzuwenden sind. Da ist der Präsident zuständig (§§ 13, 60—64 GeschO.). Wer aber anwendet, ist der berufene Interpret. Daher muß auch für diese Gruppe von Vorschriften dem Präsidenten das Auslegungsrecht zugestanden werden. Von Laband wie von Perels gilt eben, daß sie von Teilvorschriften des § 13 GeschO. ausgingen, statt von seinem Grundgedanken und daß sie deshalb ihr Ergebnis nicht scharf genug fassen konnten.

Der so gefundene Satz, daß der Reichstagspräsident Subjekt der Auslegung ist, soweit es sich um Vorschriften über Tätigkeiten des § 13 GeschO. handelt, erscheint als eine bedeutsame Einschränkung der Stellung des Präsidenten gegenüber der bisher herrschenden Meinung. Tatsächlich ist dies keineswegs der Fall; verhältnismäßig wenig Vorschriften der Geschäftsordnung können nicht unter die Gesichtspunkte des § 13 GeschO. gebracht werden. Gerade dieses praktische Ergebnis gegenüber der theoretischen Fassung erklärt, warum bisher vielfach der Präsident ohne weiteres als Subjekt der Auslegung galt. Die Abgrenzung wird im einzelnen Fall nicht immer leicht sein, aber dann mag die authentische Auslegung eingreifen, deren Subjekt unbestrittenermaßen der Reichstag ist[43]).

Im engen Zusammenhang mit dieser Frage taucht eine andere auf: wie steht es dann, wenn sich Lücken in der Geschäftsordnung finden, d. h. wenn Fälle der Erledigung harren, für welche die Geschäftsordnung eine Regelung nicht bietet? Weiß, dem sich Seligmann auch hier anschließt, ist auch dieser Frage näher getreten[44]) und gibt die Antwort: Subjekt der Ergänzung der Geschäftsordnung ist der Reichstag, der mit Wirkung für den einzelnen Fall durch einen

43) Weiß S. 33: „Subjekt der authentischen Auslegung der Geschäftsordnung ist derjenige, der die Geschäftsordnungsnormen aufgestellt hat, d. h. also der Reichstag selbst". Die authentische Auslegung findet ihre Schranken in der rechtlichen Natur der Geschäftsordnung. S. Perels S. 3, Weiß S. 8, Jagemann S. 133.

44) Weiß S. 12 ff., Kapitel I: die Ergänzung der Geschäftsordnung. Seligmann S. 59, 60.

Mehrheitsbeschluß eine neue, noch ungelöste Geschäftsordnungsfrage regelt. Weiß geht aus von der Bedeutung des Art. 27 RV., der dem Reichstag nicht allein das Recht gibt, eine Geschäftsordnung aufzustellen, sondern ihm vielmehr auf dem Gebiet des Geschäftsgangs volle Autonomie verleiht. Da die Geschäftsordnung einer ausdrücklichen Vorschrift über die Behandlung dieser Frage ermangle, so trete zur Ergänzung der Geschäftsordnung wiederum das Subjekt der Normengebung ein: der Reichstag (S. 14). Damit ist aber Weiß auf halbem Wege stehen geblieben. Auf Grund der Delegation hat ja der Reichstag dem Präsidenten eine umfassende Anzahl von Rechten übertragen, welche § 13 GeschO. aufzählt. Wie schon oben angedeutet ist und später des weiteren ausgeführt werden soll[45]), ergibt das Prinzip der Zuständigkeitsvermutung völlige Selbständigkeit des Präsidenten auf den Gebieten des § 13 GeschO. Insoweit ist der Reichstag ausgeschaltet, insoweit steht daher lediglich dem Präsidenten die Ergänzung der Geschäftsordnung zu. Also: überall, wo Vorschriften fehlen und es sich um Gegenstände der Verhandlungsleitung, der Ordnung und der Vertretung handelt, tritt der Präsident bestimmend auf, ist sein Wille maßgebend. Dieses Ergebnis klammert nicht am Buchstaben, sondern gründet auf der Erkenntnis der Bedeutung der Vorschrift, wie der Zweckmäßigkeitsgründe, welche die Präsidentenstellung so ausgestalten hießen[46]). In allen anderen Fällen greift die von Weiß aufgestellte Regel Platz, da ist noch der Reichstag selbst Subjekt der Ergänzung[47]).

Zur Vervollständigung des vorigen muß noch der Punkt berührt werden, ob es dem Präsidenten gestattet ist, — wenn es ihm nötig erscheint — den Geschäftsordnungsbestimmungen zuwider zu handeln. Die gleiche Frage ist, soweit sie den Reichstag selbst angeht, bereits in Theorie und Praxis Gegenstand lebhafter Erörterungen gewesen. Es ist richtig, daß weder allgemeine rechtliche Erwägungen, noch das statutarische Recht Anhaltspunkte für die Annahme geben, der Reichstag könne von den Bestimmungen der Geschäftsordnung abweichen. Daher nehmen Mohl (S. 284) und Weiß (S. 41 ff.:

---

45) Siehe unten S. 64 ff.

46) In diesem Sinn muß die Äußerung des Präsidenten Grafen Ballestrem als richtig anerkannt werden (9. März 1903): „was hier im Reichstag gestattet ist, bestimmt die Geschäftsordnung und nach der Geschäftsordnung, wenn nicht etwas besonderes darin steht, der Präsident — und dabei bleibt es!" Weiß S. 14 N. 2.

47) Dahin ist wohl auch Jagemann (S. 133) aufzufassen: „der Präsident entscheidet für sich allein ..... für den Fall des Mangels von Vorschriften und zwar zunächst endgültig, soweit nicht die Anrufung des Reichstags selbst als zulässig vorgesehen ist."

die Übertretung der Geschäftsordnung) einen gänzlich ablehnenden Standpunkt ein. Allein hier hat bereits das Gewohnheitsrecht die Entscheidung gebracht. Seit Jahren besteht im Reichstag die allseits anerkannte und festgehaltene Übung, daß Abweichungen von den Geschäftsordnungsbestimmungen zulässig sind, wenn kein Mitglied des Hauses dagegen Widerspruch erhebt. In selten großer Zahl finden sich dafür in den stenographischen Berichten des Reichstags Belegstellen[48]). Infolgedessen hielt die Literatur mit ihrer Anerkennung nicht zurück und Seydel (Ann. S. 409) wie Laband[49]) gestehen dem Reichstag die Möglichkeit des Anders-Handeln beim Mangeln eines Widerspruchs zu[50]). Was aber für den Reichstag gilt, muß entsprechend für den Reichstagspräsidenten maßgebend sein[51]): auch er kann von den Bestimmungen der Geschäftsordnung absehen, wenn das Haus ihm zustimmt. Diesen Standpunkt vertrat der Präsident selbst am 19. Juni 1909 (XII, 1, 8695): „ich habe von dieser Bestimmung (§ 44 GeschO.) dem Herrn Vorredner gegenüber abgesehen und werde auch bei den folgenden Herren Rednern heute ausnahmsweise davon abgehen".[52])

Es ist hier angebracht, noch auf einige Befugnisse des Präsidenten hinzuweisen, welche dartun, wie umfassend die Präsidenten-

48) Vgl. Erklärung des Abg. Bassermann vom 1. Juli 1909 (XII, 1, 8948): „wenn kein Widerspruch erhoben wird, können wir schließlich alles so machen, wie es eben dem Reichstag beliebt; aber nicht gegen Widerspruch. Sobald Widerspruch erhoben wird, sind die Bestimmungen der Geschäftsordnung maßgebend" und vom 20. Januar 1911 (XII, 2, 4049): „das Haus ist der Herr seiner Geschäftsordnung und wenn wir einstimmig sind, kann über jede Bestimmung seiner Geschäftsordnung hinweggesehen werden." Im gleichen Sinn äußerten sich an demselben Tag der Präsident und der Abg. Singer. Ferner Abg. v. Gamp-Massaunen vom 13. Januar 1911 (XII, 2, 3835). Damit stimmen überein die Präsidialerklärungen vom: 12. Januar 1904 (XI, 1, 208), 22. Januar 1904 (XI, 1, 447), 20. März 1907 (XII, 1, 641), 29. April 1908 (XI, 1, 4910), 7. Mai 1908 (XII, 1, 5217 und 5223), 6. Mai 1910 (XII, 2, 2937), 10. Mai 1910 (XII, 2, 3051), 24. März 1911 (XII, 2, 5865), 24. Mai 1911 (XII, 2, 7112); eine Begründung der Gewohnheit des Hauses unternahm der Abg. Singer vom 19. Mai 1909 (XII, 1, 8706).

49) Laband DJZ. S. 6: „noch viel weniger ist es zulässig, der Geschäftsordnung, ohne daß sie abgeändert wird, im einzelnen Fall entgegen zu handeln, ausgenommen, wenn von keinem Mitglied des Reichstags dagegen Widerspruch erhoben wird."

50) Zustimmend Seligmann S. 62.

51) A. M. Abg. Spahn vom 19. Juni 1909 (XII, 1, 8703): „unsere Verhandlungen heute verletzen die Geschäftsordnung. Nach den Bestimmungen der Geschäftsordnung darf der Redner über eine Geschäftsordnungsfrage nur 5 Minuten sprechen. Der Präsident ist meiner Überzeugung nach nicht in der Lage, davon abzugehen. Das hätte das Haus tun können."

52) Abg. Bebel und Präsident vom 10. März 1911 (XII, 2, 5300).

stellung gedacht ist. Gemeinsam mit den bereits erörterten Punkten ist ihnen, daß sie dem Präsidenten eine einheitliche großzügige Amtsführung ermöglichen, indem sie ihm die seiner überragenden Stellung gebührende Beteiligungsmöglichkeit auch dort verschaffen, wo seine Mitwirkung weder Pflicht noch Notwendigkeit ist. In diesem Sinn muß das Recht des Präsidenten zur Teilnahme am Seniorenkonvent und an den Kommissionen hervorgehoben werden. Während der Präsident den Seniorenkonvent (Begriffsbestimmung und praktische Bedeutung siehe Perels S. 31 und Baumbach S. 46, Seligmann S. 20) einberuft und ihm vorsteht, beschränkt sich seine Teilnahme bei den Kommissionen und Abteilungen auf einen mehr informatorischen Zweck; denn in die Autonomie der Kommissionen einzugreifen, soweit sie die Geschäftsordnung gewährleistet, ist auch dem Präsidenten nicht gestattet [53]). Gleichwohl sind die Beziehungen zwischen Präsident und Kommissionen von großer Wichtigkeit für eine glatte Abwicklung der Arbeiten des Reichstags, deren Förderung die Hauptaufgabe des Präsidenten darstellt. Seine aufmerksame Hand muß alle die feinen Fäden leiten oder wenigstens überwachen, deren Zusammenlaufen erst eine gedeihliche Tätigkeit des Ganzen gewährleistet. So hat der Präsident Sorge zu tragen [54]), daß Kommissionssitzungen nicht mit den Verhandlungen des Hauses zusammenfallen, daß in mehrere Kommissionen nicht die gleichen Abgeordneten gewählt werden, ferner daß die Kommissionen die Bearbeitung der Vorlagen und Anträge rechtzeitig zum Zeitpunkt der Plenarberatung beenden usw. Alles das sind weniger Rechtsfragen als vielmehr Sache der Geschäftsgewandtheit, der Geschicklichkeit und Tüchtigkeit des Präsidenten. Für die große und tatsächliche Bedeutung, die dem allgemein beigemessen wird, spricht der Umstand, daß der Präsident beratendes Stimmrecht genießt, § 13 Abs. 1 Satz 2 GeschO. Aus den gleichen Gesichtspunkten steht dem Präsidenten die Befugnis zu, für die Abteilungen im Interesse einer geregelten Geschäftsführung Sitzungen anzuberaumen (§ 30 GeschO.), ihnen mit beratender Stimme beizuwohnen; das Recht, sie auch aufzuheben [55]), kann ohne weiteres daraus nicht abgeleitet werden.

Schließlich mag noch angefügt werden, daß der Präsident die Pflicht hat, alle Wahlen, welche von den Abteilungen nicht beanstandet wurden, dem Reichstag mitzuteilen. Diese Mitteilung hat auf die definitive Giltigkeit der Wahlen keinen Einfluß, auch bei

---

53) Vgl. die Äußerungen der Abg. Singer und v. Gamp-Massaunen vom 19. Juni 1909 (XII, 1, 8695 und 8702).

54) Vgl. darüber Welcker S. 414, des weiteren Seligmann S. 19.

55) Übereinstimmend Seligmann S. 18, anders Perels S. 21.

Wegfall der präsidialen Mitteilung ans Plenum würde nach Ablauf der Ausschlußfrist die Wahl giltig; denn der Präsident soll die Mitteilung „nachrichtlich“ zur Kenntnis des Reichstags bringen (§ 7 GeschO.).

I. Die Tätigkeit des Reichstagspräsidenten in Bezug auf die Verhandlungen.

Im folgenden, wo auf die Rechte und Pflichten des Präsidenten mit Hinblick auf die Verhandlungen des Reichstags im einzelnen eingegangen werden soll, müssen mehrere Gruppen unterschieden werden. Die ganze Tätigkeit des Präsidenten zerfällt in jene Geschäfte, welche die Verhandlungen vorbereiten sollen, in die Tätigkeit bei den Verhandlungen selbst und in jene außerhalb der Verhandlungen.

1. Die vorbereitende Tätigkeit des Präsidenten.

Um eine gedeihliche Arbeit des Reichstags zu ermöglichen und namentlich um Zeitverschwendung zu vermeiden hat die Geschäftsordnung Vorschriften aufgestellt, welche eine genügende Vorbereitung der Verhandlungen, der Sitzungen verbürgen. Darnach hat der Präsident das Programm für die Verhandlungen festzulegen, die Zeit der Sitzungen zu bestimmen und die Verhandlungsgegenstände den Reichstagsmitgliedern rechtzeitig bekannt zu geben.

a) Der Präsident verkündet am Schluß jeder Sitzung Tag und Stunde der nächsten Plenarsitzung und gibt dabei die Tagesordnung bekannt d. h. das Verzeichnis der in einer Sitzung zu behandelnden Beratungsgegenstände[56]) (§§ 35 Abs. 1, 37 GeschO.). Eine weitere Feststellung des Programms als für die nächstfolgende Sitzung ist nach dem Wortlaut der Vorschrift unmöglich[57]). Die Verkündigung durch den Präsidenten erfolgt in der Form eines Vorschlags und zwar gewöhnlich mit den Worten: „Ich schlage nunmehr vor, als Tagesordnung .....; gegen diesen von mir gemachten Vorschlag erhebt sich kein Widerspruch; die Tagesordnung steht fest“. Gegen den Vorschlag des Präsidenten kann Widerspruch erhoben werden, worüber dann der Reichstag durch Beschluß zu befinden hat[58]) (§ 35 Abs. 1 Satz 2 GeschO.). Erst wenn sich kein Widerspruch erhebt oder der geltend gemachte sich durch Beschluß erledigt, er-

---

56) Seydel Ann. S. 418, Perels S. 38, Seligmann S. 22 ff.

57) Präsident vom 29. Januar 1904: „wir haben jedesmal bloß die Tagesordnung für die nächste Sitzung festzustellen. Das was später geschieht, ist eine cura posterior und darüber entscheidet, wenn Meinungsverschiedenheiten entstehen, das Haus.“

58) Vgl. Sitzung vom 9. März 1907 (XII, 1, 366).

klärt der Präsident die Tagesordnung für feststehend. Ein Widerspruch des Hauses[59]) ist unmöglich bei Beschlußunfähigkeit; in diesem Fall kann der Präsident sofort eine endgiltige Festsetzung für die nächste Sitzung treffen. Am Schluß der Beratungen eines Sessionsabschnitts sucht gewöhnlich der Präsident die Ermächtigung des Hauses nach Tag und Tagesordnung für die nächste Sitzung selbständig feststellen zu dürfen[60]). Steht die Tagesordnung fest, dann ist es Sache des Präsidenten, sie den Mitgliedern des Reichstags und des Bundesrats durch den Druck mitzuteilen (§ 35 Abs. 1 Schlußsatz GeschO.).

Für den Inhalt der Tagesordnung ist — vorbehaltlich des Widerspruchsrechts des Hauses — der Wille des Präsidenten maßgebend. Eine Einschränkung sieht die Geschäftsordnung bezüglich der Interpellationen, der Initiativanträge und Petitionen vor[61]).

Interpellationen müssen auf die Tagesordnung der ihrer Einbringung folgenden Sitzung gesetzt werden (§ 32 GeschO.). Dann hat der Präsident beim Reichskanzler anzufragen, wie er es mit der Beantwortung halten wolle. Im Benehmen mit diesem setzt er hierauf die Interpellation auf die Tagesordnung zur Behandlung. Wird die Besprechung der Interpellation unterbrochen durch den Schluß der Sitzung, so steht die Verfügung über die Fortsetzung dem Präsidenten zu — wiederum vorbehaltlich des Widerspruchsrechts des Hauses.

Für die Erledigung der von Reichstagsmitgliedern gestellten Anträge und der zur Erörterung im Plenum gelangenden Petitionen ist in jeder Woche ein Tag bestimmt, an dem sie an erster Stelle behandelt werden, der sog. Schwerinstag (§ 35 Abs. 2 GeschO.). Für die Reihenfolge der Behandlung der Anträge ist der Zeitpunkt maßgebend, in dem sie eingegangen sind; alle Anträge, welche innerhalb der ersten zehn Tage einer Session eingegangen sind, gelten als gleichzeitig eingebracht. Liegen mehrere gleichzeitig eingebrachte Anträge vor, so muß sich der Präsident über ihre Reihenfolge mit dem Haus verständigen; gelingt dies nicht, so entscheidet das Los, das der Präsident zu ziehen hat (§ 35 Abs. 3 GeschO.). Über die Reihenfolge der Petitionen entscheidet der Zeitpunkt, in dem ihre Vorbereitung zur Verhandlung im Plenum abgeschlossen ist. Anträge und Petitionen kann der Präsident von der ihnen gebührenden Stelle der Tagesordnung wieder absetzen, wenn ein Beschluß des

---

59) Widerspruch einzelner Reichstagsmitglieder zwar möglich, aber rechtlich ohne Bedeutung. Seligmann S. 22/23.

60) So in den Sitzungen vom 16. Januar 1904, 14. Mai 1907, 7. Mai 1908, 10. Mai 1910, 26. Mai 1911.

61) Perels S. 39 ff., Seligmann S. 25 ff.

Hauses dies genehmigt und kein Widerspruch vom Antragsteller — festzustellen durch ausdrückliche Erklärung — bezw. von 30 Reichstagsmitgliedern vorliegt (§ 35 Abs. 3 Schlußsatz GeschO.).

b) Eine weitere Vorschrift findet sich bezüglich der in den Kommissionen behandelten Gegenstände. Ist die Bearbeitung durch die Kommission soweit gediehen, daß eine Erörterung im Plenum möglich ist (mit Fertigstellung des Kommissionsberichtes), so wird davon dem Präsidenten Mitteilung gemacht. Dieser verfügt dann die Einbringung auf die Tagesordnung und stellt den Tag der Verhandlung fest (§§ 31, 35 GeschO.).

c) Der Präsident muß auch darauf bedacht sein, daß alle Mitglieder Kenntnis von den zur Verhandlung gelangenden Gegenständen erhalten. Daher hat er zu veranlassen, daß alle Vorlagen des Bundesrats und alle von den Abgeordneten förmlich eingebrachten Anträge gedruckt und an die Mitglieder verteilt werden. Gewöhnlich findet die Benachrichtigung am Anfang einer Sitzung mit den Worten statt: „Als Vorlagen sind eingegangen .....; die Drucklegung habe ich verfügt“ (§ 17 GeschO.).

2. Die Tätigkeit des Präsidenten bei den Reichstagsverhandlungen.

Hiemit ist ein Gebiet erreicht, das gewissermaßen den Höhepunkt der Präsidententätigkeit bildet. Ist doch die Leitung der Sitzungen nicht bloß das Geschäft des Präsidenten, das am häufigsten wiederkehrt, sondern auch jenes, welches von der weittragendsten Bedeutung ist. Eine Aufzählung der Befugnisse und Pflichten im einzelnen ist gar nicht möglich; denn so eigenartig und mannigfach sich die Sitzungen gestalten können, so verschieden und unbegrenzt sind die Anforderungen, die dadurch an den Präsidenten herantreten. Die Schwierigkeiten häufen sich umsomehr, als neben rechtlichen Gesichtspunkten auch Gründe der Zweckmäßigkeit und des Taktes ausschlaggebend werden können. Damit hängt freilich zusammen, daß die tatsächliche Wichtigkeit dieses Gebiets vielfach der juristischen Ergiebigkeit, dem rechtlichen Interesse nachsteht. Das mag auch erklären, daß das Statut hier die Stellung des Präsidenten im großen und ganzen oft sehr kurz und skizzenhaft regelte.

Für die Darstellung selbst muß eine ganze Gruppe von Rechten des Präsidenten mit Rücksicht auf die systematische Gliederung, nämlich die Tätigkeit in Bezug auf die Handhabung der Ordnung, ausscheiden und späterer Erörterung überwiesen werden.

a) Der Präsident eröffnet und schließt die Sitzung (§ 37 GeschO.). Am Schluß der Sitzung verkündet er Tag und Stunde der nächsten Plenarsitzung. Die regelmäßige Form, in der die Sitzung eröffnet wird, bilden die Worte: „Die Sitzung ist eröffnet“ oder „Ich eröffne die Sitzung“. Hierauf folgen die gewöhnlichen geschäftlichen Mitteilungen. Entsprechend schließt der Präsident mit den ebenfalls feststehenden Worten: „Ich schließe die Sitzung“.

b) In der Sitzung eröffnet und schließt der Präsident die Diskussion [62]) über jeden einzelnen Beratungsgegenstand. Kraft der Zuständigkeitsvermutung des § 13 GeschO. genießt der Präsident volle Bewegungsfreiheit, soweit nicht die Geschäftsordnung über Verlauf und Ende der Debatte etwas besonderes bestimmt. Wichtig ist, daß der Präsident eigenmächtig den Schluß der Diskussion, den er einmal erklärte, nicht mehr rückgängig machen kann; das wäre nur zulässig bei Mangel jeglichen Widerspruchs des Reichstags. Neueröffnet ist aber eine Diskussion eo ipso, sobald nach Debattenschluß ein Vertreter des Bundesrats noch einmal das Wort ergreift (schon persönliche Bemerkungen genügen); eine besondere Feststellung der Wiedereröffnung durch den Präsidenten ist nicht notwendig, wenngleich sie meist erklärt zu werden pflegt [63]).

c) Der Präsident bestimmt die Redeordnung. [64]) Er erteilt das Wort [65]) und ohne ausdrückliche Erteilung darf kein Abgeordneter das Wort ergreifen (§ 42 GeschO.). Gewiß hat jeder Abgeordnete das Recht, sprechen zu dürfen und gehört zu werden [66]), aber Voraussetzung dafür ist, daß er das Wort verlangt und daß er es erhält. Der Präsident ist zur Worterteilung verpflichtet, wenn kein Hinderungsgrund besteht; solche sind: zur Zeit hat ein anderer Redner das Wort [67]); das Haus befindet sich in der Abstimmung [68]); die Beschlußunfähigkeit des Hauses ist festgestellt [69]). Nur in einem Fall ist der Präsident in seiner Entscheidung frei: wenn es sich um die Erteilung des Worts zur Geschäftsordnung handelt (§ 44 GeschO.). In Geschäftsordnungsfragen kann er jede Debatte verhindern, wenn

62) Über Eröffnung, Arten und Schluß der Diskussion siehe Perels S. 6, 60, 73 und Seydel Ann. S. 421, Baumbach S. 41.

63) Präsident vom 10. Dezember 1903 (XI, 1, 68): „die Diskussion ist wieder eröffnet, nachdem ein Mitglied des Bundesrats das Wort ergriffen hat.“

64) Hierzu Perels S. 86 ff., Seydel Ann. S. 419, Hubrich S. 420 ff., Mohl (Erörterungen) S. 64 ff., Baumbach S. 39 ff.

65) Über die Gestattung des Worts außerhalb der Tagesordnung siehe Mohl (Erörterungen) S. 66, Perels S. 91.

66) Über den Verlust des Rechts sprechen zu dürfen, siehe Mohl (Erörterungen) S. 77, 78.

67) Mohl (Erörterungen) S. 65 und Präsident vom 5. Dezember 1907 (XII, 1, 2034).

68) Präsident vom 26. Februar 1908 (XII, 1, 3420).

69) Präsident vom 19. Januar 1910 (XII, 2, 696).

er will[70]). Damit ist das Recht des Präsidenten verbunden, sich durch Anfragen zu vergewissern, ob der Redner wirklich zur Geschäftsordnung sprechen will[71]); ohne weiteres kann daher der Präsident einem Redner das Wort entziehen, der tatsächlich nicht zur Geschäftsordnung spricht. Ebenso entscheidet er ausschließlich über den Schluß einer Geschäftsordnungsdebatte. In allen anderen Fällen muß aber das Wort allen gewährt werden, die darum nachsuchen. Eine materielle Schranke findet die präsidiale Worterteilungsbefugnis durch den Umstand, daß bei Beschlußunfähigkeit des Hauses unmittelbar Verhandlungsunfähigkeit eintritt. Dann vermag der Präsident das Wort nicht mehr zu erteilen, gleichviel unter welchen Gesichtspunkten[72]).

Was die Reihenfolge der Redner anlangt, so hat der Präsident das Recht, die Rednerordnung nach seinem Ermessen festzustellen[73]); eine Ausnahme bilden die Mitglieder des Bundesrats, die Antragsteller und Berichterstatter nach §§ 34, 48 GeschO. Dem scheint der Wortlaut des § 47 GeschO. zu widersprechen[74]); aber diese Bestimmung, wonach die Priorität der Wortmeldung entscheidet, ist bisher nicht gehandhabt worden und ist auch kaum zu handhaben[75]). Eine andere Gepflogenheit kam auf und wurde nach und nach Gewohnheitsrecht[76]): der Präsident numeriert die auf der Rednerliste befindlichen Namen und läßt übungsgemäß die einzelnen Fraktionen der Reihe und zwar ihrer Stärke nach zum Wort kommen: ein Brauch, welcher der Billigkeit entspricht[77]) und der bei der Besprechung von Interpellationen fast ausnahmslos eingehalten wird[78]).

Der Präsident ist auch jene Stelle, welche um die Erteilung des Worts angegangen werden muß. Wenn Perels[79]) aus dem

---

70) Präsident vom 27. April 1909 (XII, 1, 8221) und vom 15. Juni 1909 (XII, 1, 8567): „zur Geschäftsordnung braucht der Präsident das Wort nicht zu geben". Perels S. 60.

71) Laband DJZ. S. 7.

72) Perels S. 79, Jagemann S. 135.

73) Seydel Ann. S. 420: „haben sich mehrere gemeldet, so trifft der Präsident unter ihnen die Auswahl". Auch der Abgeordnete Ledebour sprach am 15. März 1910 (XII, 2, 1985) von einer diskretionären Befugnis des Präsidenten in Bezug auf die Rednerliste. Präsident vom 5. Dezember 1907 (XII, 1, 2034): „über die Reihenfolge, in welcher die Redner zum Wort kommen, habe ich zu bestimmen".

74) Vgl. Mohl (Erörterungen) S. 51 und Perels S. 93.

75) Vgl. Mohl (Erörterungen) S. 70 und (über die Erschwerung der Stellung des Präsidenten durch diese Einrichtung) S. 71.

76) S. Laband DJZ. S. 6, Seligmann S. 36; anders Zorn S. 232.

77) Abg. Bassermann vom 12. Januar 1910 (XII, 2, 475).

78) Ebenso Baumbach S. 35.

79) Perels S. 8, ebenso Baumbach S. 35.

Wortlaut des § 42 GeschO. darauf schließt, daß neben dem Präsidenten zur Worterbittung auch das Reichstagsbureau zuständig sei, so vermag er nicht zu überzeugen. Ebenso leicht ließe sich aus der Fassung des Paragraphen das Gegenteil herauslesen. Gewöhnlich muß ein Gesuch bei der Stelle angebracht werden, welche zuständig ist für die Verbescheidung; das ist der Präsident. Das geht schon daraus hervor, daß der Präsident keine Wortmeldung gelten läßt, die er nicht selbst wahrnahm[80]).

Das Wort zu Bemerkungen vor und nach der Tagesordnung kann der Präsident nach freiem Ermessen gestatten. Das beruht auf Gewohnheitsrecht; nur Bundesratsmitglieder bedürfen der Erlaubnis des Präsidenten hiezu nicht.

Der Präsident selbst kann das Wort in einer Debatte jederzeit ergreifen, wenn er unter dem Gesichtspunkt der Leitung der Verhandlungen spricht. Daran ändert auch nichts, daß gerade ein anderer Redner spricht; der Präsident darf ihn unterbrechen und der Abgeordnete kann erst fortfahren, wenn er wieder das Wort erhielt[81]). Wann der Präsident als Verhandlungsleiter spricht, ist für den einzelnen Fall Auslegungssache und ist der Beurteilung des Präsidenten anheimgegeben; denn es fehlt die Instanz, welche ihn wirksam zurückweisen könnte. Sonst muß der Präsident den Vorsitz abtreten und beim amtierenden Vizepräsidenten um das Wort einkommen. Diese Forderung erhob bereits Mohl in seinen Vorschlägen. Er hat auch, wohl ausgehend von dem inneren Grund der Vorschrift, nämlich der Aufrechterhaltung einer objektiven Amtsführung selbst bei persönlicher Anteilnahme, die Schlußfolgerung gezogen, daß der Präsident bei allen folgenden Verhandlungen über denselben Gegenstand den Vorsitz abtreten müsse; in der Praxis findet indes eine strenge Durchführung dieses Gedankens nicht statt[82]).

Nach der Praxis des Reichstags gibt ferner der Präsident in der Regel die Erlaubnis zum Verlesen von Reden. Die Geschäftsordnung bestimmt ganz allgemein, daß den Mitgliedern des Hauses das Verlesen schriftlich abgefaßter Reden dann gestattet ist, wenn sie der deutschen Sprache nicht mächtig sind (§ 45 Abs. 2 GeschO.).

---

80) Entsprechend Präsident vom 14. Mai 1904 (XI, 1, 2945), 8. Mai 1911 (XII, 2, 6472). Entgegengesetzt Abg. Bassermann vom 12. Januar 1910 (XII, 2, 475): „es erfolgt die Meldung bei dem Schriftführer, der die Rednerliste führt" und Seligmann S. 33, der aber nur Zweckmäßigkeitsgründe anführt.

81) Präsident vom 16. Januar 1908 (XII, 1, 2487): „Herr Abgeordneter, ich bitte Sie zu schweigen, wenn ich rede .... Solange ich spreche, haben Sie nicht das Recht zu reden."

82) Vgl. Sitzung vom 25. April 1904, 30. März 1911.

Aus dessen Wortlaut ist mit Perels (S. 8) zu schließen, daß eine ausdrückliche Erholung der Erlaubnis zu verlesen nicht notwendig ist; wohl aber ist der Präsident berechtigt und verpflichtet, darüber zu wachen, daß Redner zur Verlesung bloß im Fall des genannten Paragraphen schreiten. Holt ein Redner — wie üblich — die präsidiale Erlaubnis ein, so ist dies ein Akt der Höflichkeit oder Vorsicht, den weder statutarisches Recht noch Observanz erfordern, da von einer einheitlichen Übung nicht die Rede sein kann.

Dagegen ist es bereits im Reichstag Gewohnheitsrecht, daß jeder Abgeordnete auch beim Mangel der Voraussetzung des § 45 Abs. 2 GeschO. Erklärungen namens seiner Partei bei dem ausdrücklichen Hinweis darauf verlesen darf[83]). Auch hier pflegt vorher die Gestattung des Präsidenten eingeholt zu werden.

d) Nach der Erteilung des Worts hat der Präsident die Pflicht, darüber zu wachen, daß die Abgeordneten davon einen Gebrauch machen, wodurch sowohl den Zwecken eines ordnungsmäßigen Verlaufs der Debatte gedient, wie auch die Würde des Hauses und die Grenzen der Schicklichkeit gewahrt werden[84]). Auch darüber entscheidet der Präsident frei und unabhängig von der Meinung des ganzen Hauses, die für ihn höchstens Gradmesser sein darf. Um dieser schwierigen Aufgabe gerecht werden zu können, verfügt der Präsident nach § 46 GeschO. über zwei Mittel: er kann den Redner auf den Gegenstand der Verhandlung zurückweisen und kann ihn zur Ordnung rufen. Da beides bereits dem Gebiet der Disziplin angehört, muß die Erörterung zurückgestellt werden (vgl. unten S. 43, 48).

Auf die Dauer einer Rede vermag der Präsident durch das Rügerecht oder den Ruf zur Sache einzuwirken. Fehlen die Voraussetzungen zu einem disziplinellen Einschreiten des Präsidenten, so liegt es außerhalb der Machtvollkommenheit des Präsidenten, einen Redner gegen seinen Willen zum Schweigen zu bringen — ein Opfer, das im Interesse einer wirklich ungeschmälerten Redefreiheit gebracht werden muß[85]).

---

83) Präsident vom 15. Juni 1909 (XII, 1, 8575): „es ist bisher üblich gewesen, daß Erklärungen, die namens einer Partei abgegeben werden, verlesen wurden .... Der Herr Abgeordnete hat in keiner Weise gesagt, wie es die übliche Form ist: ich habe eine Erklärung namens meiner Partei abzugeben". Dementsprechend Abg. v. Hatzfeld vom 17. Juni 1909 (XII, 1, 8640).

84) Präsident vom 10. März 1904 (XI, 1, 1714): „über den Ton, in dem hier debattiert wird, bin ich Richter."

85) Vgl. Mohl (Erörterungen) S. 76, Jagemann S. 136 und Seligmann S. 43. Abg. Stadthagen vom 15. Februar 1904 (XI, 1, 974): „im übrigen glaube ich nicht, daß die Geschäftsordnung irgend einen Anlaß gibt, dem Herrn Präsidenten zu gestatten, außerhalb der Bemerkung zur Geschäftsordnung einem Redner, der bei der Sache bleibt, vorzuschreiben, wie lange er reden sollte."

e) Ferner ist der Präsident für Abänderungsvorschläge oder Anträge auf motivierte Tagesordnung zuständig. Sie müssen schriftlich eingereicht werden und in wesentlicher Verbindung mit der Hauptfrage stehen (§ 49 GeschO.). Wer über das Vorhandensein dieser Voraussetzungen zu befinden hat, darüber schweigt die Geschäftsordnung. Da auch die Zuständigkeitsvermutung des § 13 GeschO. nicht in Frage kommen kann, so steht nach dem Grundsatz der Delegation — mangels einer zugunsten des Präsidenten sprechenden Vorschrift des statutarischen und Gewohnheitsrechts — die Entscheidung dem Reichstag zu, der sie durch Mehrheitsbeschluß trifft[86].

f) Den regelmäßigen Schluß einer jeden Debatte bildet die Abstimmung. Sie ist vorzubereiten durch die Stellung der Fragen. Dem Präsidenten obliegt es, die Fragen vorzuschlagen und so zu formulieren, daß sie mit Ja oder Nein beantwortet werden können. Mehrere Fragen sind der Reihenfolge nach vorzulegen. Über die Stellung der Fragen kann das Wort begehrt werden, worüber der Reichstag durch Beschluß entscheidet (§ 51 GeschO.). Wie die Fragen abzufassen sind, ist Sache des Präsidenten mit Rücksicht auf den vorhandenen Stoff.

g) Schließlich hat der Präsident die Abstimmung über die Fragen zu leiten[87]. Unmittelbar vorher ist jede Frage einzeln zu verlesen (§ 54 GeschO.). Dabei spricht für die Beschlußfähigkeit des Hauses die Vermutung[88]. Die Beschlußfähigkeit wird nur dann durch Namensaufruf der Abgeordneten festgestellt, wenn der Präsident, ein amtierender Schriftführer oder ein Mitglied des Hauses (durch eine vor der Abstimmung gemachte Erklärung) daran zweifelt. Doch kann der Präsident Anfragen aus dem Haus mit der Feststellung abweisen, daß kein Mitglied des Bureaus an der Beschlußfähigkeit zweifle (§ 54 Abs. 2, 3 GeschO.)[89].

Die Abstimmung kann auf drei Arten erfolgen: die Abstimmung durch Aufstehen oder Sitzenbleiben, die Zählung des Hauses und die namentliche Abstimmung[90].

Regel ist die zuerst genannte Abstimmungsweise. Ist das Ergebnis nach Ansicht des Präsidenten oder eines diensttuenden

---

86) Ebenso Perels S. 46, weil nicht eine Frage der Auslegung der Geschäftsordnung, sondern eine Tatfrage vorliege.

87) Perels S. 80 ff., Seydel Anm. S. 424.

88) Dambitsch I, Abs. 2 und II zu Art. 28 RV. und die dort angegebene Literatur, Seydel Anm. 423, Perels S. 77.

89) Diese Bestimmungen bezeichnet Laband (I, 348 und DJZ. S. 9) als verfassungswidrig, während Rönne (S. 259) für ihre Giltigkeit eintritt.

90) Jagemann S. 133 zählt als vierte Art noch die Abstimmung per acclamationem auf; sie ist zulässig, wenn niemand widerspricht.

Schriftführers zweifelhaft, so veranlaßt der Präsident eine Gegenprobe, deren Wiederholung nicht gestattet ist (§ 55 GeschO.).

Liefert auch die Gegenprobe kein sicheres Ergebnis, so hat die Zählung des Hauses stattzufinden. Auf die Aufforderung des Präsidenten haben alle Abgeordneten den Saal zu verlassen. Mit einem Glockenzeichen läßt der Präsident die Abstimmung beginnen, wobei die Abgabe der Stimme durch Eintritt durch die sog. Ja- oder Nein-Türen geschieht. Präsident und Schriftführer geben ihre Stimmen nachträglich öffentlich ab. Bei Stimmengleichheit kommt dem Präsidenten eine entscheidende Stimme nicht zu.“ Nach Art. 28 RV. beschließt der Reichstag nach absoluter Stimmenmehrheit. Dadurch ist der Stichentscheid des Präsidenten ausgeschlossen[91]). Hierauf schließt der Präsident die Abstimmung mit der Verkündung des Ergebnisses der Zählung (§ 56 GeschO.).

Die namentliche Zählung erfolgt auf einen Antrag, den mindestens 50 Mitglieder unterstützen. Mit dieser Feststellung eröffnet der Präsident die Abstimmung, läßt die Mitglieder ihre Plätze einnehmen und durch die Schriftführer die Abstimmungskarten entgegennehmen (Lex Aichbichler), worauf er die Abstimmung für geschlossen erklärt (§§ 57, 58 GeschO.).

In allen Fällen ist das Ergebnis der Abstimmung erst als feststehend zu erachten, wenn der Präsident die Annahme oder Ablehnung des Abstimmungsstoffes erklärt; dann ist ein wirksamer Beschluß des Reichstags vorhanden, an dem der Präsident — etwa durch Wiederholung der Abstimmung — in keiner Weise rütteln darf.

h) Nicht unerwähnt kann bleiben das Recht des Präsidenten, die Anregung zu einer geheimen Sitzung zu geben; die Anregung hat zu erfolgen in Form eines Antrags. Daraufhin tritt der Reichstag zu einer geheimen Sitzung zusammen und erkennt auf Ausschluß der Öffentlichkeit durch Mehrheitsbeschluß (§ 36 GeschO.). Diese Vorschrift kann nicht genannt werden, ohne auf die Bedeutung des Art. 22 RV. hinzuweisen. Damit wird die in der Literatur wohl am meisten behandelte Frage des Parlamentsrechts berührt, bei deren Beantwortung sich die Staatsrechtslehrer in zwei Lager spalteten. Die einen verkünden als verfassungsmäßigen Grundsatz die ausnahmslose Öffentlichkeit der Parlamentssitzungen und erklären folgerichtig § 36 GeschO. als rechtsunwirksam, während der andere Teil für die Möglichkeit geheimer Plenarsitzungen eintritt. Es läßt sich nicht verkennen, daß der Wortlaut des Art. 22 RV. sehr unglücklich gewählt ist und Zweifel geradezu herausfordert. Indessen ist hier nicht der Ort, für diese alte Streitfrage neue Gründe für und wider

91) Laband I, 347; Begründung auch bei Welcker S. 417.

zu suchen und abzuwägen. Fest steht lediglich, daß ein Gewohnheitsrecht zugunsten geheimer Sitzungen sich im Reichstag weder bildete noch bilden konnte[92]). Der Anschluß an eine der beiden bestehenden Richtungen gibt ohne weiteres die Stellungnahme zu dem in § 36 GeschO. niedergelegten Recht des Präsidenten[93]).

3. Die Tätigkeit des Reichstagspräsidenten außerhalb der Verhandlungen.

Die Tätigkeit des Präsidenten bei den Verhandlungen bedarf zur Erreichung ihres Ziels, nämlich der Förderung der Geschäfte des Parlaments, noch einer Reihe von Aufgaben, die außerhalb der Verhandlungsleitung liegen.

a) Die Protokolle müssen vom Präsidenten und von zwei Schriftführern vollzogen werden (§ 41 GeschO.). Über jede Sitzung des Reichstags sind Protokolle des in § 39 GeschO. bestimmten Inhalts aufzunehmen, was Sache der Schriftführer ist (§ 15 GeschO). Erst die Unterschrift des Präsidenten und der beiden Schriftführer gibt dann diesen Aufzeichnungen den Charakter einer öffentlichen Urkunde über die vom Reichstag gefaßten Beschlüsse[94]). Die Protokolle jeder Sitzung liegen in der nächsten auf (§ 38 GeschO.), damit gegen ihre Fassung Einspruch erhoben werden kann. Läßt sich dieser durch eine Erklärung der Schriftführer nicht beheben, so hat der Präsident die Versammlung zu befragen (§ 40 GeschO.).

b) Alle Vorlagen und Anträge müssen dem Reichstag dreimal vorgelegt werden[95]). Die erste Beratung dient einer allgemeinen Diskussion über die Grundsätze des Entwurfs (§ 18 Abs. 1 GeschO.), während in der zweiten Beratung über jeden einzelnen Artikel debattiert und abgestimmt wird (§ 19 Abs. 2 GeschO.). Ergeben die Abstimmungen Veränderungen der Vorlagen, so ist es Aufgabe des Präsidenten, jene Beschlüsse, welche solche Abänderungen darstellen, mit Hilfe der Schriftführer zusammenzustellen (§ 19 Abs. 4

---

92) Vgl. die auf S. 3 N. 1 angegebenen Belegstellen.

93) a) Gegen die Möglichkeit geheimer Sitzungen sprechen sich aus: Seydel Ann. S. 417, Laband I, 562, DJZ. S. 7, 9, Altmann S. 109, Zorn S. 244, 607, Dambitsch III zu Art. 22 RV., Riedel S. 112, Perels S. 33 und im Archiv für öffentliches Recht XV, S. 548, Fleischmann (DJZ. 1900) S. 158, Müller Ann. 1900 S. 567, Arndt S. 137 und (Kommentar) N. 2 zu Art. 22 RV., Reincke N. a zu Art. 22 RV., Folckerts, Die Verfassungswidrigkeit des § 36 GeschO., Münster 1894, Seligmann S. 28. b) Für die Möglichkeit geheimer Sitzungen treten ein: Rönne I S. 282, Meyer-Anschütz S. 453, Jagemann S. 133, Baumbach S. 32, Schulze S. 85, Geffcken S. 77, Mohl S. 304.

94) Laband I, 354.

95) Laband I, 351.

GeschO.). Diese Zusammenstellung bildet die Grundlage für die dritte Beratung (§ 19 Abs. 5 GeschO.).

c) Der Präsident hat sich auch mit den beim Reichstag eingehenden Petitionen zu befassen[96]). Zur Würdigung ist die Kommission für Petitionen geschaffen. Dieser werden die Petitionen vom Präsidenten zur Behandlung überwiesen. Dieses Recht des Präsidenten fußt nicht auf einer ausdrücklichen Vorschrift der Geschäftsordnung, sondern ergibt sich aus einer näheren Untersuchung des § 28 GeschO. Dieser sagt nämlich, daß Petitionen, welche mit einem Gegenstand in Verbindung stehen, den bereits eine Kommission behandelt, dieser durch Verfügung des Präsidenten überwiesen werden können, jedoch wenn die Petition bereits an die Petitionskommission abgegeben ist, erst auf Antrag derselben. Durch Schluß a minore ad maius ergibt sich, daß der Präsident überhaupt befugt ist zur Zuweisung der Petitionen an die Petitionskommission. Perels (S. 67) ist gleicher Ansicht und führt weiterhin an, dieses Recht des Präsidenten ergebe sich aus seiner Stellung als Leiter der Reichstagsverwaltungsangelegenheiten, wie aus dem Umstand, daß die Geschäftsordnung eine Behandlung von Petitionen, welche einer Kommission noch nicht vorgelegen haben, im Plenum nicht kennt.

d) Noch in höherem Maße als bei den Petitionen ist der Präsident bei der geschäftlichen Behandlung der Interpellationen tätig[97]). Die Interpellationen müssen beim Präsidenten eingereicht werden. Da eine bestimmte schriftliche Abfassung und Unterzeichnung durch 30 Mitglieder nach § 32 GeschO. Vorbedingung für die geschäftliche Behandlung ist, ergibt sich ohne Zweifel die Berechtigung des Präsidenten Interpellationen, die hierin Mängel zeigen, zurückzuweisen. Ist nichts auszusetzen, so hat der Präsident die Interpellationen dem Reichskanzler abschriftlich mitzuteilen, sie in der nächsten Sitzung auf die Tagesordnung zu setzen und dann den Reichskanzler zur Erklärung darüber aufzufordern, ob und wann er die Interpellation beantworten wird[98]) (§ 32 GeschO.). Erklärt er sich dazu bereit, dann ist die Interpellation vom Präsidenten an einem vom Reichs-

---

96) Über das Recht der deutschen Landtage Petitionen entgegenzunehmen siehe Meyer-Anschütz S. 299 N. 10, Geffcken S. 76, Jagemann S. 129, Dambitsch C zu Art. 23 RV., Baumbach S. 16, Laband I, 305, Arndt S. 146 und (Kommentar) N. 2 zu Art. 23 RV., Seydel (Kommentar) S. 203, Rönne S. 268, Schulze S. 82.

97) Über das Wesen der Interpellationen und die Stellung von Reichstag und Regierung hiezu siehe Laband I, 307, Baumbach S. 15, Perels S. 65, Dambitsch D zu Art. 23 RV., Geffcken S. 76, Meyer-Anschütz S. 299 N. 12, Arndt S. 147 und N. 3 zu Art. 23 RV., Seydel Ann. S. 430, Rönne S. 268, Schulze S. 82.

98) Abg. Singer vom 22. Juni 1909 (XII, 1, 8769).

kanzler bestimmten Tag wiederum auf die Tagesordnung zu setzen. Diese Bestimmungen werden nicht streng eingehalten; vielfach findet zwischen Präsident und Reichskanzler eine schriftliche Verständigung über die Beantwortung statt, worauf der Präsident die Interpellation erst zur Beratung und Beantwortung ansetzt[99]).

e) Es entspricht einer langjährigen Gepflogenheit des Bundesrats, seine auf Grund der Reichstagsbeschlüsse gefaßten Entschlüsse dem Haus mitzuteilen. Eine Übersicht darüber wird gedruckt und an die Abgeordneten verteilt, von denen jeder das Recht hat, unter bestimmten Voraussetzungen (§ 34 Abs. 2 GeschO.) die Bundesratsbeschlüsse zum Gegenstand von Bemerkungen zu machen. Über die geschäftliche Behandlung dieser Bemerkungen bestimmt § 34 GeschO.: sie sind dem Präsidenten schriftlich einzureichen, dem Reichskanzler dann mitzuteilen und auf die Tagesordnung zu setzen. Ein Organ hiefür wird von der Geschäftsordnung nicht genannt. Vergleicht man aber die besondere Bestimmung von § 32 GeschO., daß der Präsident die bei ihm eingereichten Interpellationen dem Reichskanzler mitzuteilen hat, so ergibt sich auf dem Weg der Analogie unschwer die Meinung, daß auch bei den genannten Bemerkungen der Präsident zur Behandlung zuständig ist, zumal er allein berechtigt ist, sie auf die Tagesordnung zu setzen (§ 35 GeschO.).

II. Die Tätigkeit des Reichstagspräsidenten in Bezug auf die Verwaltungsgeschäfte.

Während die bisherige Tätigkeit des Präsidenten sich im engsten Anschluß an jene des Reichstags vollzog, taucht nunmehr ein Wirkungsfeld des Präsidenten auf, in welchem ihm vom Reichstag freie Hand in jeder Beziehung gelassen wird. Es handelt sich um das Gebiet der Verwaltungsgeschäfte, die den äußeren Rahmen für das Wirken des Hauses gewährleisten sollen. Es ist klar, daß eine solch große Körperschaft, wie sie der Reichstag darstellt, ohne eine bestimmte Zahl von Hilfskräften und Hilfseinrichtungen zu einer gedeihlichen Arbeitsleistung nicht befähigt ist. Schon vom politischen Standpunkt aus ist es eine Notwendigkeit, daß der Reichstag in seinen äußeren Lebensbedingungen nicht auf die Hilfeleistung der Regierung angewiesen sein darf. So kommt es, daß der Reichstag

99) Präsident vom 22. Juni 1909 (XII, 1, 8770): „so hat sich mit Zustimmung der Mehrheit der Usus herausgebildet, daß erst Fühlung gesucht wird, wann die Beantwortung seitens der Regierung erfolgen kann, um darnach die Interpellation auf die Tagesordnung setzen zu können. Ich gebe aber zu, daß, wenn ein diesbezüglicher Antrag gestellt würde, man diesem Antrag für die Zukunft geschäftsordnungsmäßige Folge leisten müßte.“ Ferner Staatssekretär Delbrück vom 30. April 1910 (XII, 2, 2011).

sein eigenes Budget, sein eigenes Verwaltungspersonal besitzt. Dabei bedingt das Interesse einer schnellen Erledigung dieser Geschäfte, wie die Vermeidung jeder unnützen Mehrbelastung des Hauses an Arbeit eine völlige Selbständigkeit des Präsidenten. Daher kann der Präsident mit Recht von Perels (S. 67) als „Leiter der Verwaltungsangelegenheiten" bezeichnet werden, ohne daß sich die Geschäftsordnung besonders mit diesem Punkt methodisch befaßt. Sie begnügt sich, einige Einzelheiten näher auszugestalten, um im übrigen dem Ermessen des Präsidenten freien Spielraum zu lassen. Das genügt völlig zum Nachweis des bereits festgelegten Grundsatzes, zumal sich doch das Tätigwerden tatsächlich auf die gerade auftauchenden Bedürfnisse beschränkt.

a) Zur Führung des Rechnungs- und Kassenwesens sieht die Geschäftsordnung besondere Organe vor, die Quästoren (§16 GeschO.). Sie werden vom Präsidenten aus der Zahl der Abgeordneten ernannt. Die Ernennung erfolgt mündlich in öffentlicher Sitzung mit der Formel: „Ich ernenne meinerseits zu Quästoren die Herren Abgeordneten . . . ."[100]). Aus der Bestimmung des § 16, daß der Präsident die Quästoren „für die Dauer seiner Amtsführung" ernennt, ergibt sich, daß ihr Amt ohne weiteres erlischt, sobald der Präsident, der sie ernannte, nicht mehr diese Stellung innehat[101]). Daß besondere Organe für das Rechnungs- und Kassenwesen aufgestellt sind, bildet keine Ausnahme vom Prinzip der Selbständigkeit des Präsidenten in den Verwaltungsangelegenheiten, da ihm ja das Recht der Ernennung zusteht, die Quästoren also „persönliche Vertrauensmänner des Präsidenten" sind (Seydel).

b) Zur Erledigung der äußeren Angelegenheiten und der laufenden Geschäfte verfügt der Reichstag über Dienst- und Verwaltungspersonal. Die Anstellung und Entlassung erfolgt in der Form eines Beschlusses durch den Präsidenten, der die vorgesetzte Behörde dieser Beamten und Angestellten bildet (§ 14 GeschO.). In dieser Eigenschaft erließ z. B. der Präsident mit Wirkung vom 1. April 1910 eine neue Dienst- und Besoldungsordnung für das im Kanzlei- und Unterbeamtendienst des Reichstags beschäftigte Hilfspersonal[102]). § 156 RBG. verleiht den Reichsbeamten die Rechte

100) Präsident vom 4. Dezember 1903 (XI, 1, 11), 29. November 1905 (XI, 2, 11), 20. Februar 1907 (XII, 1, 6).

101) Ebenso Perels S. 20, Seydel Ann. S. 411.

102) Sie enthält erstens Vorschriften über Pflichten und Verpflichtung dieser Beamten, zweitens Besoldungsvorschriften, drittens Bestimmungen über Krankenfürsorge, über Ausscheidung der Hilfsbeamten und Fürsorge für ihre Hinterbliebenen; vgl. Abg. Bassermann vom 29. März 1911 (XII, 2, 5944).

und Pflichten von Reichsbeamten; diese ausdrückliche Bestimmung ist nötig, weil Reichsbeamte nach § 1 RBG. nur die vom Kaiser oder in seinem Auftrag kraft Delegation ernannten Beamten sind. Daher kommen dem Reichstagspräsidenten alle jene Befugnisse zu, welche eine vorgesetzte höhere und oberste Dienstbehörde nach dem RBG. besitzt[103]). Somit ist er berechtigt, die Beeidigung vorzunehmen, die Dienstbezüge zu regeln, die Pensionierung und die Höhe der Pension zu verfügen, die Disziplinargewalt auszuüben und die Suspension vom Amt anzuordnen[104]). Die auf Kündigung und widerruflich angestellten Beamten kann der Präsident sofort entlassen, während er bei der Pensionierung, Suspension und Entlassung an die Bestimmungen des RBG. (§§ 80 ff.) gebunden ist[105]).

Gänzlich widersprechen sich dagegen die Anschauungen in der Frage, wer zur Ausübung all dieser Rechte in der Zeit zwischen zwei Legislaturperioden befugt ist. Perels-Spilling behaupten die Präsidialrechte ruhen während dieser Zeit, soweit sie nicht in herkömmlicher Weise vom Direktor des Reichstags wahrgenommen werden können, während Rönne (I, 345) den Präsidenten der abgelaufenen Session für zuständig hält. Als Ausweg schreibt Schulze — ähnlich wie Kanngießer S. 244 — die Ausübung der präsidialen Rechte dem Reichskanzler zu, da alle Reichsbeamten, also auch die Reichstagbeamten ihm untergeordnet sind. Alle diese Ausführungen sind mehr oder minder willkürlich und entbehren einer genügenden rechtlichen Grundlage, wie bereits Brand (Anm. 4 zu § 156) betont. Zweifellos liegt eine Lücke des Gesetzes vor, zu deren Behebung eine besondere gesetzliche Regelung nötig ist; denn die Dürftigkeit der bestehenden Bestimmungen gestattet noch nicht einen überzeugenden Schluß zur Lösung der Streitfrage. Daher ist — ebenso Seligmann (S. 111) — der bisherigen Übung zuzustimmen, wonach der Direktor des Reichstags als Vertreter des Reichstagspräsidenten tätig wird.

c) Die finanziellen Bedürfnisse des Reichstags bestreitet das Reich. Hiezu wird ein Etat des Reichstags vom Präsidenten aufgestellt. Da er einen Teil des Reichshaushaltsetats bildet, muß er Bundesrat und Reichstag zur Genehmigung vorgelegt werden.

---

103) Ebenso Seligmann S. 108/109.

104) Brand, Schulze und Perels-Spilling je Anm. 2 zu § 156 RBG. Übereinstimmung fehlt bezüglich des Disziplinarverfahrens; durchschlagend erscheint die Begründung von Perels-Spilling: „die Reichstagsbeamten gehören bei Dienstentlassung wegen Dienstvergehen und Zwangspensionierung vor die ordentlichen Disziplinargerichte, weil ihnen eben ausdrücklich die Rechte der Reichsbeamten verliehen wurden."

105) Seydel Ann. S. 409.

Über die gewährten etatsmäßigen finanziellen Mittel verfügt der Präsident innerhalb der Grenzen des Voranschlags (§ 14 GeschO.).

d) Zur Unterstützung in der Regelung der Bibliotheksangelegenheiten schuf der Präsident ein Hilfsorgan, die sog. Bibliothekskommission. Ihre Mitglieder werden vom Präsidenten ernannt und zwar meistens in öffentlicher Sitzung: „Ich ernenne hiemit zu Mitgliedern der Bibliothekskommission die Herren Abgeordneten ....[106])“ Es handelt sich hier nicht um eine der in der Geschäftsordnung vorgesehenen Kommissionen, welche durch Wahl aus den Abteilungen hervorgehen, sondern um ein „kommissionsähnliches Organ der inneren Verwaltung“[107]). Für die Tätigkeit der Mitglieder der Bibliothekskommission ist maßgebend die Präsidialverfügung vom 23. April 1873.

Außer dieser ständigen, auf den Präsidenten zurückgehenden Kommission können auch vom Reichstag von Fall zu Fall Kommissionen gebildet werden, um den Präsidenten in seiner Verwaltungstätigkeit zu entlasten. Die Bildung einer solchen Kommission ad hoc hat nicht den Zweck, die präsidialen Rechte zu beschränken, sondern es soll für den Präsidenten eine beratende Stelle geschaffen werden, welche für ihn in wichtigen Angelegenheiten die Stimmung des Hauses repräsentiert und durch ihre Mitwirkung die Verantwortung für seine Entschlüsse dem Haus gegenüber erleichtert. So wurde beispielsweise 1898 eine Kommission anläßlich der Ausschmückung des Reichstagsgebäudes gebildet[108]).

e) Zu den verwaltungsgeschäftlichen Funktionen des Präsidenten gehört auch seine Befugnis zur Beurlaubung der Reichstagsmitglieder (§ 65 GeschO.). Der Präsident kann Urlaub bis zu 8 Tagen gewähren, eine längere Zeit muß der Reichstag bewilligen. Unzulässig ist eine Beurlaubung für unbestimmte Zeit[109]). Innerhalb des achttägigen Zeitraums ist für die Bewillligung des erbetenen Urlaubs das freie Ermessen des Präsidenten maßgebend; eine Pflicht zur Erteilung besteht nicht[110]). Von der Beurlaubung der Mitglieder gibt der Präsident am Anfang jeder Sitzung bei den geschäftlichen Mitteilungen Kenntnis mit den feststehenden Worten: „Ich habe Urlaub erteilt dem Herrn Abgeordneten .... für ... Tage

106) So Präsident vom 11. Dezember 1903 (XI, 1, 71).

107) Perels S. 30; davon zu unterscheiden sind die sog. freien Kommissionen (Mohl, Erörterungen S. 56), die existent werden durch die bloße Tatsache des Zusammentretens einer beliebigen Anzahl von Reichstagsmitgliedern zur Beratung eines bestimmten Gegenstandes, wovon dem Präsidenten einfach Mitteilung zu machen ist.

108) Perels S. 30.

109) Präsident vom 4. November 1908 (XII, 1, 5237).

110) Perels S. 103 N. 567.

wegen ..." Im Anschluß daran erledigt der Präsident die Urlaubsgesuche auf längere Zeit, welche der Genehmigung des Reichstags bedürfen: „Für längere Zeit sucht um Urlaub nach der Herr Abgeordnete .... und zwar für die Zeit vom ..... bis ...... wegen ..... Dem Urlaubsgesuch wird nicht widersprochen; dasselbe ist bewilligt". Da nach der Verfassung alle Reichstagsmitglieder verpflichtet sind, an den Verhandlungen des Reichstags teilzunehmen[111]), ist der Präsident als zuständiges Organ für die Urlaubserteilung zweifellos berechtigt, gegen Mitglieder, die ohne Urlaub den Sitzungen fernbleiben, einzuschreiten, indem er sie veranlaßt, ordnungsmäßig um Urlaub einzukommen. Disziplinell gegen solche Säumige vorzugehen, ist der Präsident jedoch nicht befugt, das Disziplinarrecht gibt dazu keine Handhabe[112]). Diese Regelung entspricht sicherlich nicht den gegenwärtigen Bedürfnissen; denn es braucht wohl nicht hervorgehoben zu werden, daß die meisten Verhandlungen vor einem nicht einmal beschlußfähigen Haus stattfinden und daß der Präsident dann gezwungen ist, zu meist fruchtlosen Bitten und Ermahnungen um eifrigeren Besuch seine Zuflucht zu nehmen[113]).

f) Zum Schluß noch eine Aufgabe des Präsidenten, die — ganz eigenartig inmitten des autonomen Rechtsgebiets — auf Reichsrecht beruht. Das Reichsgesetz vom 21. Mai 1906 (RGBl. S. 467), welches durch die Gewährung von Entschädigungen an die Mitglieder des Reichstags den Art. 32 RV. abänderte, bestimmt in seinem § 5: „Der Präsident ist befugt und verpflichtet, nähere Bestimmungen über die Anwesenheitsliste zu treffen und hat die Höhe der fälligen Entschädigungen festzusetzen und anzuweisen."

§ 4.

Die Tätigkeit des Reichstagspräsidenten in Bezug auf die Handhabung der Ordnung.

Zwischen der Ordnungstätigkeit[114]) und der Verhandlungsleitung des Präsidenten bestehen vielfache Zusammenhänge. Beide Gewalten entspringen dem höheren Zweck, „die Würde des Hauses zu wahren und seine Geschäfte nach Möglichkeit zu fördern[115])";

111) Meyer-Anschütz S. 454.

112) Perels S. 99 N. 550, Seydel Ann. S. 415, Meyer-Anschütz S. 454, Dambitsch I zu Art. 28, RV.

113) Präsident vom 29. November 1904 (XI, 1, 3241) und vom 29. November 1905 (XI, 2, 9). Über die Pflicht der Anwesenheit, Folgen derselben und Voranschläge de lege ferenda siehe Mohl, Erörterungen S. 92 ff.

114) Über die Notwendigkeit von Ordnungsvorschriften siehe Mohl S. 316, 317.

beide Gewalten erst verbürgen den richtigen Verlauf einer Verhandlung. Auch fällt die Ausübung der Ordnungsgewalt fast ausschließlich in die Zeit der Verhandlungen. Tatsächlich fließt freilich oft die eine in die andere über, sodaß manchesmal der theoretisch geschulte Blick erst feststellen kann, wann der Verhandlungsleiter und wann der Ordner tätig wurde. Trotzdem ist die Ordnungsgewalt etwas durchaus selbständiges; denn während der Verhandlungsleitung die Regelung, die Abwicklung der parlamentarischen Geschäfte obliegt, gilt es hier die Ordnung unter allen Personen aufrecht zu erhalten, die in Beziehung zum Parlament treten. Zwei Personenkreise kommen da in Betracht: auf der einen Seite die Mitglieder des Hauses und — in allerdings sehr beschränktem Maß — die Regierungsvertreter und auf der anderen Seite die Zuhörer.

Infolgedessen scheidet sich die Ordnungsgewalt[116]) in zwei Untergewalten, in die Disziplinar- und in die Polizeigewalt; die erstere wendet sich gegen die Abgeordneten, die letztere gegen die Zuhörer. Wie beide Arten ineinandergreifen müssen, zeigt wiederum die Tatsache: beide Gewalten sind in ihrer Ausübung vereinigt in der Hand des Präsidenten.

Inhaber der Ordnungsgewalt ist der Reichstag. Das besagt ausdrücklich Art. 27 RV.: ..... er regelt seinen Geschäftsgang und seine Disziplin ..... Auf dieser rechtlichen Grundlage baut die gewährte Autonomie in der Geschäftsordnung in den §§ 13, 46, 60—64[117]) weiter, entwickelt unterscheidend die Ordnungsgewalt in die Disziplinar- und Polizeigewalt und überträgt die Handhabung d. i. die Ausübung, dem Präsidenten des Hauses. Die Übertragung geht nicht soweit, daß der Präsident nunmehr den Reichstag ausschließen könnte. Nein; vielmehr ist der Reichstag d. h. die Gesamtheit aller Abgeordneten nach wie vor Träger der Ordnungsgewalt, während der Präsident sie ausübt. Diese Auffassung erhellt bereits aus dem Wortlaut der Bestimmungen. Es heißt ausdrücklich: „Dem Präsidenten liegt .... die Handhabung der Ordnung ..... ob" (§ 13), „die Aufrechterhaltung der Ordnung in den Sitzungen liegt dem Präsidenten ob" (§ 60) und „dem Präsidenten steht die Handhabung der Polizei .... zu" (§ 62). Diese genaue Übereinstimmung in der Ausdrucksweise der statutarischen Bestimmungen läßt sich nicht

---

115) Worte des Präsidenten vom 20. Februar 1907.

116) Sie umfaßt auch Anordnungen rein sachlicher Natur, so die Bestimmung des Präsidenten vom 29. November 1902 (X, 2, 6715) über das Freihalten des Raumes zwischen den Abgeordnetensitzen und der Rednertribüne usw.

117) Über die rechtliche Zusammengehörigkeit dieser Paragraphen siehe Kukutsch S. 4.

als Zufall erklären, sie ist entschieden der Ausfluß eines bewußt festgelegten Grundgedankens, dessen Folgerungen später noch zu ziehen sein werden: Träger der Ordnungsgewalt ist der Reichstag, Organ der Ausübung ist der Präsident[118]). Durch dieses Ergebnis wird die Stellung des Präsidenten keineswegs allzu eingeengt oder gar unselbständig; grundsätzlich entscheidet sein Ermessen und nur in zwei Punkten hat sich der Reichstag die endgültige Entscheidung vorbehalten.

Objekt der Ordnungsgewalt sind alle „Verletzungen der Ordnung" nach dem Wortlaut der Geschäftsordnung. Sie legt indessen den Tatbestand einer Ordnungsverletzung nicht genau dar. Im allgemeinen ist eine Ordnungsverletzung jedes Geschehnis, das geeignet ist, den Gang der parlamentarischen Geschäfte in irgendeiner Weise zu stören. Wann der Tatbestand einer Ordnungsverletzung als gegeben zu erachten ist, dafür ist der Präsident allein maßgebend[119]). Der Reichstag hat sich mit dieser Frage erst im Rechtsmittelverfahren zu befassen[120]). Sache des Präsidenten ist es, als Organ der Ordnungsgewalt dafür Sorge zu tragen, daß sich die Reichstagsgeschäfte ungehindert abwickeln und daß jeder Angriff gegen die parlamentarische Körperschaft als solche wie gegen jeden einzelnen Abgeordneten von irgendeiner Seite verhütet wird[121]).

A. Die Disziplinargewalt des Präsidenten im Reichstag.

Unter Disziplin versteht man im allgemeinen die Ordnung innerhalb eines gewissen Personenkreises anläßlich einer bestimmten Tätigkeit; die parlamentarische Disziplinargewalt ist also das Recht, die Ordnung innerhalb der parlamentarischen Körperschaft zu wahren. Sie hat den Zweck, durch Fernhaltung von Störungen beliebiger Art „den ruhigen und sachlichen Fortgang der Debatte sicherzustellen"[122]).

---

118) Diese Rechtslage erklärt, daß dem Reichstag als solchem noch Disziplinarbefugnisse zustehen. Wie wäre das denkbar, wenn ihm die Ordnungsgewalt nicht mehr zustände? Eben weil er sie noch hat, bildet er im Rechtsmittelverfahren des Disziplinarstrafrechts die zweite Instanz gegenüber dem Präsidenten. Ebenso Hubrich S. 432: „Der Präsident wird dadurch (§ 13 GeschO.) zum Organ, welchem ... die Ausübung der parlamentarischen Disziplinargewalt obliegt".

119) Präsident vom 11. März 1910 (XII, 2, 1985): „das ist meiner persönlichen Beurteilung überlassen, was ich nach der Ordnung des Hauses für zulässig halte oder nicht."

120) Seydel Ann. S. 416: „Darüber, ob der Tatbestand einer Ordnungswidrigkeit gegeben sei, befindet der Präsident bezw. der Reichstag nach freiem Ermessen."

121) Über den dreifachen Schutz, den der Präsident den Abgeordneten angedeihen läßt, siehe Seidenberger S. 17.

122) Dambitsch B, II, zu Art. 27 RV.

Daher nennt sie Hubrich (S. 426) im Gegensatz zum Hausrecht nicht mit Unrecht „ein Gewaltrecht über Personen, die sich in einem speziellen Gewaltverhältnis dauernder Natur befinden". Seydel (Ann. S. 414) geht bereits auf Einzelheiten ein: „Die Disziplin des Reichstags äußert sich in der Verpflichtung seiner Mitglieder, den Anordnungen der Geschäftsordnung und den Weisungen der geschäftsleitenden Organe des Reichstags Gehorsam zu leisten; ferner in der Verpflichtung der Abgeordneten, an den Sitzungen des Reichstags, seiner Abteilungen und gegebenenfalls seiner Kommissionen teilzunehmen." Disziplinarrecht im subjektiven Sinn ist demnach das Recht des Reichstags, Verletzungen der Ordnung innerhalb der parlamentarischen Körperschaft zu ahnden; das Disziplinarrecht im objektiven Sinn bilden alle Regeln, nach denen der Reichstag sein Ahndungsrecht ausübt.

Subjekt der Disziplinargewalt ist, wie bereits festgestellt, der Reichstag, der seinerseits den Präsidenten zum selbständigen Organ der Ausübung dieser Gewalt bestellte.

Objekt der Disziplinargewalt sind alle Störungen der parlamentarischen Ordnung, die im Lauf der Reichstagsverhandlungen von den daran Teilnehmenden begangen werden. Der Begriff des parlamentarischen Vergehens bedarf einer näheren Erläuterung. Sein Tatbestand setzt sich aus folgenden Tatbestandsmerkmalen zusammen:

a) Subjekt der Tat kann nur ein Abgeordneter sein, Regierungsvertreter wie Zuhörer scheiden hier aus.

b) Objekt der Tat ist die parlamentarische Ordnung.

c) Die Handlung besteht in einer Verletzung dieser Ordnung. Daher vermag die äußere Handlung so vielgestaltig zu sein, als sich Störungen dieser Ordnung denken lassen. Sie kann in Tätlichkeiten oder in Worten bestehen; die Mehrzahl aller Vergehen stellt die Redetätigkeit, formell wie inhaltlich. Zutreffend bezeichnet Hubrich (S. 433 N. 10) die Handlung als „Gefährdung der Verhandlungsmöglichkeit, unvorschriftsmäßige Verhandlungsart und Antastung des Schicklichkeitsgefühls"[123]).

d) Bedingung der Strafbarkeit ist, daß das Vergehen während einer Sitzung des Reichstags begangen wurde; das erhellt aus dem Zusammenhang der einzelnen Absätze des § 60 GeschO.

e) Über die Schuldfrage sagt die Geschäftsordnung nichts. Es ist anzunehmen, daß bereits Fahrlässigkeit genügt; denn der Erfolg, die Störung der Ordnung, ist entscheidend.

Die Grenzen der parlamentarischen Disziplin finden sich im Verfassungsrecht wie in tatsächlichen Gründen. Die Disziplin kann

---

123) Vgl. Hubrich S. 413.

sich zunächst äußern gegenüber solchen Personen, die an den Verhandlungen des Reichstages teilnehmen, also den Abgeordneten und den Regierungsvertretern gegenüber[124]). Gegen Zuhörer wird sonach der Präsident nie in Ausübung der Disziplin tätig, welche ein Gewaltverhältnis über einen bestimmten Personenkreis voraussetzt. Anderseits hört die Disziplin dort auf, wo Gewaltmittel versagen; eine Zwangsvollstreckung fehlt, was besonders einer Weiterentwicklung des Disziplinarstrafrechts hindernd im Wege steht[125]).

Die Disziplinargewalt des Parlaments teilt sich wiederum in zwei Unterabteilungen: in die Disziplinargewalt im engeren Sinn und in das Disziplinarstrafrecht. Beide unterscheiden sich nicht nur in den Befugnissen des Präsidenten, sondern auch in den Personen, denen gegenüber sie in Kraft treten, und in der Schwere der Vergehen, die sie ahnden sollen.

I. Die Disziplinargewalt des Präsidenten im engeren Sinn.

Die Disziplinargewalt im engeren Sinn begreift in sich die Aufrechterhaltung der Ordnung gegenüber dem Reichstag in seiner Gesamtheit und gegenüber einzelnen Abgeordneten, soweit es sich nur um geringfügige Verstöße gegen die Ordnung handelt. Hier stehen dem Präsidenten als Disziplinarbefugnisse zu Gebote:

1. Gegenüber dem Reichstag in seiner Gesamtheit.

Entsteht im Haus eine Störung der Ordnung durch allgemeine Unruhe, Lärm, Tumult und dergleichen (die Geschäftsordnung nennt als Voraussetzung für das disziplinelle Einschreiten des Präsidenten „Störende Unruhe in der Versammlung"), den der Präsident im Weg der Verhandlungsleitung nicht zu beseitigen vermag und wobei ein Vorgehen gegen einzelne Abgeordnete wegen der Zahl der Beteiligten aussichtslos ist, so hat der Präsident diese Disziplinarbefugnisse (Hubrich S. 435 nennt sie disziplinelle Funktionen des Präsidenten präventiver Art):

a) Er kann die Sitzung auf eine bestimmte Zeit aussetzen; die Dauer der Aussetzung regelt der Präsident.

b) Er kann die Sitzung ganz aufheben.

c) Er kann die Sitzung auf die Dauer einer Stunde unterbrechen durch Bedeckung des Hauptes. Voraussetzung hiefür ist, daß es dem Präsidenten unmöglich ist, sich Gehör zu verschaffen (§ 61 GeschO.)[126]).

---

124) Über das Verhältnis der Regierungsvertreter zur Disziplin siehe unten S. 57.

125) Vgl. Seydel Ann. S. 414, 415.

126) Über das Verhältnis der beiden Absätze dieses Paragraphen siehe Mohl, Erörterungen S. 83.

In der Wahl eines der genannten Befugnisse ist der Präsident frei. Aussetzung und Aufhebung der Sitzung werden verhängt durch einfache Erklärung des Präsidenten[127]).

2. Gegenüber einzelnen Abgeordneten.

Hier sind die Disziplinarbefugnisse des Präsidenten:

a) Der Ruf zur Sache. Die Geschäftsordnung hält sich, was die Verletzung der Redeordnung und ihre Ahndung durch Sach- und Ordnungsruf anlangt, nicht streng an die allgemeine Einteilung und bringt die Bestimmungen über den Sachruf unter dem Abschnitt „Redeordnung". Daß aber § 46 GeschO. systematisch unter den Abschnitt „Ordnungsbestimmungen" eingereiht werden muß, ist schon bei Kukutsch S. 4 dargelegt. In dem Abschnitt „Redeordnung" sind sonst nur Vorschriften der Verhandlungsleitung aufgenommen und § 46 verdankt seine Aufnahme jedenfalls seinem Anwendungsgebiet. Aber der rechtlichen Natur nach ist der Sachruf als Mittel zur Ahndung von Störungen der Redeordnung ein Ordnungsmittel und muß demnach unter den Ordnungsbestimmungen seinen Platz finden.

Die Erteilung des Rufs zur Sache[128]) steht dem Präsidenten zu. Voraussetzung ist, daß sich ein Redner vom Gegenstand der Verhandlung entfernt. Wann dies der Fall ist, entscheidet der Präsident nach freiem Ermessen[129]). Nur bei der Generalberatung des Etats gestattet die Übung des Reichstags, sich über die gesamte Politik der Reichsregierung zu verbreiten[130]). In der Praxis wird die Bestimmung über den Sachruf sehr mild gehandhabt, äußerst selten wird ein Redner zur Sache gerufen[131]). Meist begnügt sich der Präsident mit Ermahnungen zur Sache zu sprechen und mit dem Hinweis auf den der Besprechung unterliegenden Gegenstand, eine gerade bei persönlichen Bemerkungen häufige Erscheinung[132]).

127) Perels S. 98.

128) Den Hubrich (S. 434) im Gegensatz zum Ordnungsruf als Disziplinarmittel präventiver Art bezeichnet.

129) Vgl. Wortlaut von § 46 GeschO., Perels S. 95 und Präsident vom 15. März 1904 (XI, 1, S. 1814): „ich möchte nur konstatieren, daß das, was zur Debatte gehört und was nicht dazu gehört, lediglich von mir beurteilt wird. Dagegen können sie zwar ihre Meinungen darüber austauschen, aber das ist sans conséquence". In demselben Sinn ergingen die Präsidialerklärungen vom 19./21. Februar 1906, 1. Mai 1908, 25. November 1910. Ferner Welcker S. 415: „der Grundsatz, welcher den Präsidenten hier leiten soll, muß der sein, daß er der möglichsten Redefreiheit Raum läßt, soweit nicht dringend das Interesse des Gesetzes oder der Ordnung das Einschreiten fordert".

130) Seydel Ann. S. 420.

131) Z. B. in den Sitzungen vom 11. März 1908, 6. April 1908 und 26. Mai 1911.

132) Über den zulässigen Inhalt einer persönlichen Bemerkung siehe Präsident vom 6. Februar 1904 (XI, 1, 766).

Über die Form des Rufs zur Sache enthält die Geschäftsordnung keine Vorschriften. Observanzmäßig liegt aber ein Ruf zur Sache nur dann vor, wenn sich der Präsident der Worte bedient: „Ich rufe Sie zur Sache“[133]).

Eine Berufung an den Reichstag gegen einen erteilten Ruf zur Sache ist unmöglich; dies ergibt sich aus dem klaren Wortlaut des § 61 Abs. 4 GeschO. (per argumentum e contrario), der diese Möglichkeit nur Abgeordneten einräumt, denen ein Ordnungsruf erteilt wurde oder die ausgeschlossen wurden.

Der Ruf zur Sache hat zur Folge, daß der Redner von den beanstandeten Ausführungen zum ursprünglichen Verhandlungsthema zurückkehren muß. Tut er das nicht, so kann der Präsident einen zweiten Ruf zur Ordnung erteilen. Vermag auch dieser den Redner von der Verletzung der Redeordnung nicht abzuhalten, so kann auf Antrag des Präsidenten der Reichstag dem Widerspenstigen das Wort entziehen, vorausgesetzt, daß er auf diese Wirkung eines erfolglosen zweiten Sachrufs bereits hingewiesen ist. Dann darf der Betroffene über den vorliegenden Gegenstand mit Ausnahme von persönlichen Bemerkungen nicht mehr sprechen und sogar dann nicht, wenn die Beratung ausgesetzt und zu einem späteren Zeitpunkt wieder aufgenommen wird[134])[134a]).

Der Ruf zur Sache vermag auch eine große politische Bedeutung zu gewinnen als Kampfmittel gegen eine Obstruktion, welche zur besseren Erreichung ihrer Ziele den Boden der Geschäftsordnung nicht verläßt. Da muß der Ruf zur Sache verhindern, daß Abgeordnete die Debatte verschleppen, die Verhandlungen hinausziehen und dergleichen. Auch eine Obstruktion, welche formell sich an die Bestimmungen der Geschäftsordnung hält, ist verfassungswidrig[135]).

b) Das Rügerecht des Präsidenten. In der Geschäftsordnung findet sich keine ausdrückliche Erwähnung dieses Rechts des Präsidenten. Aber seine Existenz[136]) läßt sich unschwer aus der Bestimmung des § 60 Abs. 1 GeschO. folgern; die Verpflichtung, die Ordnung aufrecht zu erhalten, wäre unerfüllbar, hätte nicht der Präsident die Möglichkeit, Mißstände zu beanstanden. Der Ordnungsruf stellt nur eine bestimmte Äußerung des Rügerechts in erhöhtem Maße dar. Überdies macht der Präsident in praxi vom

---

133) Das erhellt auch aus der ausdrücklichen Hervorhebung dieser Worte in der Äußerung des Präsidenten vom 15. Februar 1904 (XI, 1, 974).

134) Perels S. 96.

134a) Über die Möglichkeit eines Sachrufs gegenüber Bundesratsmitgliedern siehe unten S. 59.

135) Dambitsch B II zu Art. 27 RV.

136) Seydel Ann. 415.

Rügerecht ergiebigst Gebrauch und auch die Literatur hat ihre Anerkennung bereits ausgesprochen[137]. Das Rügerecht steht ausschließlich dem Präsidenten zu, sodaß die Beanstandung einer Ordnungsverletzung durch ein Mitglied des Hauses unzulässig ist; das hat zur Folge, daß ein Abgeordneter weder auf ein durch Rüge qualifiziertes Vorkommnis zurückkommen kann noch seinerseits etwas, was der Präsident nicht rügte, als ordnungswidrig bezeichnen darf[138].

Das Rügerecht greift Platz gegenüber geringfügigen Ordnungsverletzungen, bei denen ein Disziplinarstrafmittel als zu streng erscheint, während eine Ahndung nicht unterbleiben darf. Welche Mittel hier anzuwenden sind, bleibt dem Ermessen des Präsidenten anheimgestellt, dessen Takt das Richtige zu treffen hat[139]. Bald mögen abmahnende Vorstellungen[140], Ausdrücke des Bedauerns und der Mißbilligung genügen[141], bald schärfere Zurückweisungen oder Androhungen erforderlich sein, während ein andermal wieder die Bezeichnung einer Äußerung oder Handlungsweise als unparlamentarisch[142] oder als der Würde, der Ordnung des Hauses widerstreitend[143] als angemessen erscheint. Auch der Gesamtheit des Hauses gegenüber besteht das Rügerecht[144]. Regelmäßig erfolgt die Rüge im unmittelbaren Anschluß an einen Verstoß wider die Ordnung des Hauses; doch ist auch eine nachträgliche Rüge zulässig[145]. Einen prächtigen Einblick in die Handhabung des Rügerechts gewährt Seidenberger (S. 24 ff.); die typischen Erscheinungsformen des Rügerechts und die Grenzen des parlamentarisch Zulässigen sind ebenso lehrreich wie reizvoll dargestellt.

---

137) Eine Anerkennung des Rügerechts ist zwar nicht expressis verbis und durch Eingliederung ins System gegeben, findet sich jedoch bei der Behandlung des Umfangs der Disziplinargewalt mehr oder minder klar angedeutet. So bei Hubrich S. 435 und bei Perels S. 99.

138) Präsident vom 14. Dezember 1910 (XII, 2, 3722).

139) Vgl. dazu die Anforderungen, welche Mohl (Erörterungen) S. 40 an den Präsidenten als Ordnungsleiter stellt.

140) Präsident vom 14. Dezember 1903 (XI, 1, 139).

141) Präsident vom 19. März 1908 (XII, 1, 4128).

142) Präsident vom 3. März 1909 (XII, 1, 7292).

143) Präsident vom 28. Januar 1904 (XI, 1, 556) und vom 22. Februar 1911 (XII, 2, 4837).

144) Präsident vom 9. November 1911: „ich bitte derartig stürmische Unterbrechungen im Interesse der Würde des deutschen Reichs und des deutschen Reichstages zu unterlassen." Daher sind ständig wiederkehrende Erscheinungen in den Sitzungsberichten die Mahnungen des Präsidenten an die Versammlung einen Redner nicht zu unterbrechen, Zwischenrufe zu unterlassen und dgl.

145) Bezüglich der Berechtigung der nachträglichen Rüge gilt das gleiche wie vom nachträglichen Ordnungsruf (siehe unten S. 49); Fall einer nachträglichen Rüge in der Sitzung vom 15. Juni 1904 (XI, 1, 1374).

II. Das Disziplinarstrafrecht.

Disziplinarstrafrecht im subjektiven Sinn ist das Recht des Reichstags, parlamentarische Vergehen seiner Mitglieder mit Strafen zu belegen. „Im allgemeinen hat die parlamentarische Disziplinargewalt auch im Reichstag trotz der verhältnismäßigen Milde der autonomischen Festsetzungen den Charakter einer Strafgewalt nicht eingebüßt“ (Hubrich S. 433). Disziplinarstrafrecht im objektiven Sinn ist der Inbegriff der Normen, durch welche an einen gewissen Tatbestand eine bestimmte Strafe als Rechtsfolge geknüpft wird; sie sind niedergelegt in der Geschäftsordnung. Das Disziplinarstrafrecht richtet sich in Sonderheit gegen parlamentarische Vergehen schwerer Natur; dabei sind zu unterscheiden: die einfache und die gröbliche Ordnungsverletzung.

Inhalt des Disziplinarstrafrechts ist — wie bei jedem Strafrecht — die Strafe, deren Wesen die Sühnung eines Ordnungsbruch durch Zufügung eines Leids bildet. Dieses Übel muß dem Abgeordneten naturgemäß in seinen parlamentarischen Beziehungen treffen [146]. Von der Kriminalstrafe unterscheidet sich die Disziplinarstrafe durch den Zweck: sie soll ein bestimmtes Verhalten des Täters erreichen.

Als Disziplinarstrafmittel kennt die Geschäftsordnung den Ordnungsruf, die Wortentziehung und den Ausschluß aus der Sitzung.

Wann eine Ordnungsverletzung schwererer Natur gegeben ist, entscheidet das freie Ermessen des Präsidenten [147] in erster Instanz ausschließlich, in der Rechtsmittelinstanz der Reichstag. Der Präsident bemißt, ob eine einfache, ob eine gröbliche Ordnungsverletzung vorliegt. Eine ausdrückliche Erklärung darüber erfolgt nicht, die Qualifikation erscheint nur im Disziplinarstrafmittel. So ist der Präsident auch allein zur Feststellung des Tatbestands einer Ordnungsverletzung befähigt [148]. Als Disziplinarstrafmittel sind von der Geschäftsordnung aufgestellt:

---

146) Vgl. Hubrich S. 413.

147) Seydel Ann. S. 416. Daher erklärt Perels (S. 99 N. 551) ganz richtig einen Antrag auf Erteilung eines Ordnungsrufs als unzulässig; denn darin läge die disziplinarstrafrechtliche Würdigung eines Tatbestands, wozu zunächst der Reichstag unzuständig ist.

148) Vgl. Sitzung vom 21. Februar 1908 (XII, 1, 3351). Präsident: „Ich muß die Frage an Sie stellen, ob Sie mit den Worten .... den Abgeordneten ..... gemeint hben.“ — Abgeordneter: „Ich überlasse das dem Urteil des Hauses.“ — Präsident: „Dem Urteil des Hauses dürfen Sie das nicht überlassen, sondern dem Urteil des augenblicklichen Präsidenten“ (folgt Ordnungsruf).

1. Der Ordnungsruf[149]). Er ist die schärfste Form des Rügerechts des Präsidenten und bildet ein Disziplinarstrafmittel[150]) zur Sühne einfacher Ordnungsverletzungen. GeschO. § 60 Abs. 2: „Wenn ein Mitglied die Ordnung verletzt, so wird es vom Präsidenten mit Nennung des Namens darauf zurückgewiesen." Nie findet der Ordnungsruf Anwendung gegen einen Abgeordneten, der lediglich vom Beratungsgegenstand abweicht. Der Ordnungsruf setzt Entfernung von der Ordnung, der Sachruf Entfernung vom Beratungsgegenstand voraus[151]); so grenzen sich beide Disziplinarmittel gegenseitig ab. Der Strafcharakter des Ordnungsrufs ergibt sich aus dem Vorhandensein aller Merkmale, welche von der Disziplinarstrafe gefordert werden können: er soll Zucht und Ordnung innerhalb eines bestimmten Personenkreises aufrecht erhalten und er stellt ein Übel dar, das zur Vergeltung eines Delikts auf Grund einer vom Staat gewährten Autonomie verhängt wird.

Den Ordnungsruf erteilt der Präsident, wenn er ihm zur Wahrung der Ordnung nötig erscheint. „Nicht bloß die Rechtswidrigkeit, sondern auch jedes unwürdige Benehmen, jede Unart, in dem ein Mitglied der Zurechtweisung oder der Ermahnung des Präsidenten nicht Folge leistet, begründet einen Ordnungsruf," sagt Welcker (S. 415). Gefordert ist lediglich das Vorliegen einer einfachen Ordnungsverletzung. Unbenommen bleibt es dem Präsidenten, der Stimmung des Hauses oder geäußerten Wünschen — ohne gezwungen zu sein — Rechnung zu tragen[152]). Ein förmlicher Antrag aber (z. B. „der Reichstag möge beschließen, es solle dem Abgeordneten ..... wegen ..... ein Ordnungsruf erteilt werden") entbehrt der rechtlichen Wirksamkeit; denn als Organ der Ausübung der Ordnungsgewalt schließt der Präsident den Reichstag — wie auch Seligmann S. 71 mit Recht ausführt — bei Erteilung des Ordnungsrufs aus (vgl. dazu S. 40 und 66).

Eine bestimmte Form ist für den Ordnungsruf nicht vorgeschrieben. § 60 Abs. 2 GeschO. verlangt bloß die Nennung des Na-

---

149) Perels S. 99, Hubrich S. 433, Seligmann S. 69.

150) Seydel (Ann. S. 413) nennt ihn die einzige Disziplinarstrafe; über den Strafcharakter des Ordnungsrufs siehe die bei Hubrich S. 433 N. 9 abgedruckten Äußerungen der Abgeordneten Frisch und Ewald (1872, S. 220 und 454).

151) Abg. Klotz (I, 2, 443): „es liegt in der Natur der Sache, daß ein Ordnungsruf, der wesentlich eine censura in sich schließt, nicht da anzuwenden ist, wo es sich bloß darum handelt, den Redner darauf aufmerksam zu machen, daß er vom eigentlichen Gegenstand der Verhandlung abschweift."

152) Präsident vom 17. März 1910 (XII, 2, 2246), wo er einen Vorgang, den er gerade mit einer Rüge erledigt hatte, auf Vorstellungen aus dem Haus noch mit einem Ordnungsruf bestrafte. Mohl, Erläuterungen, S. 82.

mens; dieser Forderung ist genügt, wenn die Person des Bestrafte für alle Anwesenden hinreichend bestimmt ist, sodaß kein Zweifel obwalten kann, wer gemaßregelt wurde[153]). Nunmehr ist es Brauch im Reichstag, den Ordnungsruf unter der Formel: „Ich rufe .... zur Ordnung" zu erteilen und Kukutsch (S. 5, 6) stellt es bereits als parlamentarisches Gewohnheitsrecht fest, daß nur die unter dieser Formel ergangene Zurechtweisung als Ordnungsruf betrachtet wird zum Unterschied von anderen Betätigungen des Rügerechts, welche in das Gebiet der Disziplin im engeren Sinn fallen. „Das Charakteristische beim Ordnungsruf ist, daß der Präsident bei Erteilung desselben dem betreffenden Abgeordneten zu Gemüt führen muß, daß er die Ordnung des Hauses verletzt habe und die Zurückrufung zu dieser mit Nennung des Namens erfolgt" (Hubrich S. 433).

Bezüglich des Zeitpunktes der Erteilung ist es jetzt Rechtens im Reichstag, daß der Ordnungsruf jederzeit, auch nachträglich erteilt werden kann. Die nachträgliche Erteilung bringt der Präsident grundsätzlich zum Ausdruck[154]). Die frühere Ansicht, daß der Ordnungsruf unmittelbar auf den Ordnungsbruch folgen müßte, da jede — auch noch so kleine — Verzögerung das Recht zur Erteilung des Ordnungsrufs beseitige, ist vom Reichstag selbst observanzmäßig in diesem Sinn berichtigt. Diese frühere Ansicht entbehrt jeder rechtlichen Grundlage; denn das Recht auf Strafe steht dem Reichstag als Träger des Strafrechts im subjektiven Sinn zu, nicht dem Präsidenten und dieses Recht ist, was sein Vorhandensein anlangt, an keinen Zeitraum gebunden; kennt doch die Geschäftsordnung keinerlei Grundsätze über Verjährung oder Ausschlußfristen. Freilich darf man nicht ins andere Extrem verfallen; eine Erteilung des Ordnungsrufs nach längerer Zeit würde für den Betroffenen kaum noch Strafcharakter haben. Eine Verpflichtung des Präsidenten, nachträglich einen Ordnungsruf zu erteilen, läßt sich nicht nachweisen.[155])

---

153) Erörterungen der Abgeordneten Bassermann und Bebel in der Sitzung vom 31. Januar 1910 (XII, 2, 959).

154) Fälle nachträglicher Ordnungsrufe in neuerer Zeit: 19. März 1904, (XI, 1, 2003), 31. März 1906 (XI, 2, 2491), 4. Dezember 1906 (XI, 2, 4124), 11. März 1907 (XII, 1, 392), 29. April 1907 (XII, 1, 1232), 22. Januar 1908 (XII, 1, 2637), 21. Februar 1908 (XII, 1, 3329), 12. März 1908 (XII, 1, 3820), 5. April 1908 (XII, 1, 4551), 5. Dezember 1908 (XII, 1, 6030), 15. März 1910 (XII, 2, 2153), 17. März 1910 (XII, 2, 2246), 8. Februar 1911 (XII, 2, 4461), 7. März 1911 (XII, 2, 5174), 31. März 1911 (XII, 2, 6046).

155) Präsident vom 27. Februar 1909 (XII, 1, 7203): „der Herr Abgeordnete ..... hat, wie heute zu meiner Kenntnis gekommen ist, in der Sitzung ..... einen den Herrn Abgeordneten .... beleidigenden Zuruf getan. Dieser Zuruf ist hier nicht gehört worden. Hätte ich ihn gehört, so würde ich den Herrn Abgeordneten ..... zur Ordnung gerufen haben." (Ein nachträglicher Ordnungsruf erfolgt nicht.)

Wie eine Ordnungsverletzung bloß in der Sitzung begangen werden kann, ist der Ordnungsruf nur innerhalb der Sitzungen zulässig. Auch für die Wortentziehung gilt dies. Daher kann der Präsident in Kommissionssitzungen und bei anderen Verhandlungsgelegenheiten vom Disziplinarstrafrecht keinen Gebrauch machen, für das Rügerecht aber kann diese Beschränkung nicht aufrecht erhalten werden.

Aus dem Recht zur Erteilung des Ordnungsrufs folgt für den Präsidenten das Recht, einen Ordnungsruf, der zu Unrecht erging, wieder zurückzunehmen. Diese Möglichkeit ist an sich klar; wer sie verneinte, griffe an grundlegende Sätze des Rechts. Für die Zurücknahme des Ordnungsrufs gilt entgegen der Erteilung keine Formvorschrift; sie ist formlos[156]). Auch den Abgeordneten ist es gestattet, eine ausgesprochene Beleidigung, die mit einem Ordnungsruf belegt wurde, zurückzunehmen. Doch hat das nicht notwendig zur Folge, daß hierauf der Ordnungsruf zurückgenommen wird[157]).

Das Anwendungsgebiet des Ordnungsrufs ist durch die Praxis bedeutend erweitert worden. Allgemein ist im Reichstag die Möglichkeit anerkannt, daß ein Ordnungsruf unter einer Bedingung erteilt wird[158]), die Androhung oder der Vorbehalt eines Ordnungsrufs[159]), ja sogar die Erteilung eines Ordnungsrufs an eine wenigstens für den Präsidenten unbekannte Person, falls der Tatbestand der Ordnungsverletzung für ihn feststeht[160]). An der Rechtsgiltigkeit dieser Übung kann nicht gezweifelt werden; denn die Bedingung stellt sich als bloße conditio iuris, nämlich das Vorliegen des Tatbestands einer Ordnungsverletzung dar. Beim Ordnungsruf an eine dem Präsidenten unbekannte Person ist die Vorschrift des § 60 Abs. 2 GeschO. erfüllt, sobald jeder Zweifel an der

---

156) Fälle der Zurücknahme eines Ordnungsrufs vom 4. Dezember 1907 (XII, 1, 208 und 210) und vom 24. Juni 1909 (XII, 1, 8831).

157) Sitzung vom 4. März 1908 (XII, 1, 3610).

158) Fälle eines bedingten Ordnungsrufs vom 25. Februar 1905 (XI, 1, 4790): „wenn Sie den Abgeordneten ..... damit gemeint haben, rufe ich Sie zur Ordnung"; vom 11. März 1905 (XI, 1, 5159): „wenn Sie den Abgeordneten ..... mit den letzten Bemerkungen gemeint haben und dies scheint der Fall zu sein, da Sie nicht nein sagen — so rufe ich Sie zur Ordnung"; vom 19. Februar 1909 (XII, 1, 7107); vom 18. Januar 1910 (XII, 2, 635 und 654): „wenn Sie den Ausdruck .... auf ein Mitglied des Hauses beziehen, dann rufe ich Sie zur Ordnung."

159) Präsident vom 6. April 1908 (XII, 1, 4735): „wenn Sie meine Geschäftsordnung kritisieren, werde ich Sie zur Ordnung rufen"; ferner vom 3. März 1909 (XII, 1, 7295).

160) Präsident vom 3. März 1905 (XI, 1, 4967) und 1. Dezember 1906 (XI, 2, 4071): „ich rufe den Herrn Abgeordneten, von dem der Ruf ausgegangen ist, zur Ordnung."

Person des Bestraften vermieden ist; dem kann aber durch die nähere Darlegung des Sachverhalts Genüge geschehen[161]).

Die Wirkung eines Ordnungsrufs besteht darin, daß durch ihn die Straftat vollkommen gesühnt wird, dem Reichstag gegenüber, dessen Ordnung gestört wurde[162]), wie dem Abgeordneten gegenüber, der dadurch verletzt wurde. Auch diesem ist völlig Genugtuung verschafft und er darf in keiner Weise mehr darauf zurückkommen[163]). Ein weiteres Einschreiten ist nach jeder Seite hin ausgeschlossen.

2. Die Wortentziehung. Über ihren Charakter als Disziplinarstrafmittel besteht in der Literatur noch keine Einigung. Perels (S. 95) zählt sie unter die Befugnisse des Präsidenten bei Aufrechterhaltung der Redeordnung, Seydel (Ann. S. 415) erkennt den Ordnungsruf als einziges Disziplinarstrafmittel an, erst Hubrich (S. 433) tritt für den Strafcharakter der Wortentziehung ein. Und doch erfüllt die Wortentziehung alle Erfordernisse, welche ein Disziplinarstrafmittel an sich haben muß[164]). Zugegeben, daß ein Sachruf — der ebenso wie ein Ordnungsruf der Wortentziehung vorausgehen kann — kein Disziplinarstrafmittel ist, so vermag das am Resultat nichts zu ändern; denn hier ist wohl eine gradatio ad maius, nicht ad minus denkbar.

Die Wortentziehung selbst erfolgt nicht durch den Präsidenten, sondern durch den Reichstag. Der Präsident stellt nur den Antrag, über den der Reichstag ohne weitere Debatte beschließt (§ 46 Abs. 2 GeschO.).

Notwendige Voraussetzung für die Wortentziehung ist eine zweimalige Erteilung eines Sachrufs bezw. eines Ordnungsrufs gegen den Redner in der nämlichen Rede ohne Erfolg[165]).

---

161) Anderer Meinung Perels S. 99: „ein Blankettordnungsruf ist nach der Geschäftsordnung, ausgeschlossen" und Seligmann S. 73.

162) So wurde ein Abgeordneter, welcher auf die persönliche Bemerkung eines anderen Abgeordneten, die einen Ordnungsruf nach sich gezogen hatte, zurückkam, vom Präsidenten belehrt: „das habe ich gerügt, darüber dürfen Sie nicht mehr sprechen" (10. Februar 1904, XI, 1, 857).

163) Vgl. die Präsidialerklärungen vom 12. Dezember 1910 (XII, 2, 3587), 14. Dezember 1910 (XII, 2, 3674), 10. Dezember 1904 (XI, 1, 3499): „wenn der Präsident einen Fall erledigt hat, dann ist er erledigt und dann braucht der Herr Abgeordnete nicht zur Selbsthilfe weiter zu schreiten". Richtig Abg. Erzberger vom 29. März 1911 (XII, II, 5967): „was der Abgeordnete .... mit einem Ausdruck bezeichnete, auf den ich nicht eingehe, nachdem der Herr Präsident ihn gerügt hat, womit die Sache für mich erledigt ist."

164) Siehe darüber beim Ordnungsruf S. 47/48.

165) Fall eines Antrags des Präsidenten auf Wortentziehung nach dreimaligem Ordnungsruf, den das Haus ablehnte in der Sitzung vom 4. Mai 1907.

Die Fassung des § 46 GeschO. ist allerdings nicht ganz einwandfrei; denn es geht nicht klar hervor, ob der Wortentziehung zwei Sachrufe bezw. zwei Ordnungsrufe vorausgehen müssen oder ob dem Sachruf in dieser Hinsicht der Ordnungsruf gleichsteht. Erwägt man, daß der Sachruf eine geschäftsleitende, der Ordnungsruf eine disziplinelle Befugnis des Präsidenten darstellt, ferner daß der Sachruf sich gegen Abweichungen vom Verhandlungsstoff, der Ordnungsruf sich gegen Verletzungen der Ordnung richtet, so ergibt sich zweifelsohne, daß eine Gleichstellung von Sach- und Ordnungsruf hier unstatthaft ist[166]).

Gegenüber der Wortentziehung gibt es natürlich kein Rechtsmittel; denn es fehlt eine Instanz, die über dem Reichstag selbst stünde[167]).

3. Die Ausschließung von der Sitzung[168]). Sie verfügt der Präsident, indem er eine entsprechende Verfügung trifft, welche mit der Erklärung in Wirksamkeit tritt (§ 60 Abs 3 GeschO.). Die Ausschließung von der Sitzung verlangt das Vorliegen einer gröblichen Ordnungsverletzung. Da die Geschäftsordnung den Begriff gibt, ohne ihn selbst näher zu bestimmen, so entscheidet auch darüber das freie Ermessen des Präsidenten, wann eine Ordnungsverletzung als eine gröbliche zu erachten ist; jede andere Wertung ist unmöglich. Einen Fingerzeig gibt die Begründung, welche der Abgeordnete Roeren seinem Antrag unterlegte, daß die Ausschließung sich richten solle gegen Verfehlungen gegenüber den ersten Anforderungen des Anstands und offenen Beschimpfungen und Beleidigungen anderer Abgeordneter und dritter Personen.

Perels (S. 101) bestreitet die Rechtsgiltigkeit des § 60 GeschO., da sie dem Abgeordneten ein von der Verfassung garantiertes Recht der Anteilnahme an den Sitzungen nehme. Dieser Ansicht ist wohl nicht beizupflichten. Es soll keineswegs bestritten werden, daß jeder Abgeordnete wie die Pflicht so das Recht habe, an den Sitzungen teilzunehmen: alle Abgeordneten müssen die ihnen obliegenden Verpflichtungen der Erledigung staatlicher Geschäfte erfüllen. Ein Abgeordneter aber, der sich trotz vorhergegangener Sach- bezw. Ordnungsrufe zum drittenmal einer gröblichen Ordnungsverletzung schuldig macht, verletzt nicht allein seine Abgeordneten-

---

166) Ebenso Perels S. 95, Seydel Ann. S. 421, Hubrich S. 434 N. 16, Seligmann S. 77. Fall eines zweimaligen Sachrufs mit Anfrage des Präsidenten an den Reichstag auf Wortentziehung in der Sitzung vom 11. März 1908.

167) Perels S. 96.

168) Perels S. 100, Hubrich S. 435. Die Ausschließung von der Sitzung wurde erst durch die lex Roeren vom 16. Februar 1895 geschaffen.

pflichten, sondern gefährdet auch die Arbeit des Ganzen selbst. Das Recht zur Anwesenheit wurde verliehen in der Voraussetzung der Erfüllung der parlamentarischen Pflichten; fällt diese Vorbedingung hinweg durch ein derartiges Verhalten eines Abgeordneten, so wird dem Recht die Grundlage genommen und es kann entzogen werden für die Dauer des Mangels der Voraussetzung. Würde doch sonst der Willkür des Einzelnen das Interesse des Gesamtwohls geopfert. Für die Rechtsgiltigkeit des § 60 GeschO. treten daher sowohl Hubrich, wie Arndt und Seligmann ein[169]); auch Seydel (Kommentar III zu Art. 27 RV.) rührt nicht an die Wirksamkeit der Ausschließung[170]).

Freilich hat das Recht der Ausschließung zur Zeit noch nicht viel Wert; denn es fehlt an Zwangsmitteln, die Strafe gegen widerstrebende Abgeordnete durchzuführen. Weigert sich ein Abgeordneter, der gegen ihn vom Präsidenten ausgesprochenen Ausschließung Folge zu leisten, so kann der Präsident nach § 61 GeschO. die Sitzung höchstens unterbrechen, auf eine bestimmte Zeit aussetzen oder ganz aufheben. Hubrich (S. 437 und 440, 441) behauptet allerdings das Vorhandensein eines direkten wie indirekten Zwangs zur Durchführung der Ausschließung: der Präsident könne direkt den Abgeordneten mit Gewalt entfernen lassen in Ausübung seiner Polizeigewalt; indirekt werde der Abgeordnete gezwungen, sich zu entfernen, weil er sonst einen Hausfriedensbruch gemäß § 123 StGB. beginge. Beide Behauptungen gehen von unrichtigen Unterstellungen aus. Eine Polizeigewalt hat der Präsident nur zu handhaben; Träger ist nach wie vor der Reichstag. Daher richtet sich die Polizeigewalt gegen Nichtmitglieder und Mitglieder zur Rechenschaft zu ziehen, wäre ein Widerspruch in sich selbst[171]). Ferner steht dem Präsidenten im Reichstagsgebäude das Hausrecht nicht zu in einer Weise, daß er den Reichstag selbst ausschlösse. Subjekt der Hausherrnrechte ist der Reichstag, da er sie dem Präsidenten nicht übertrug, sonden ihn lediglich zum Verwalter der Ordnungsgewalt bestellte; daher kann

---

169) Hubrich S. 458, Arndt S. 140 und (Kommentar) N. 4 zu Art. 22 RV., Seligmann S. 84.

170) Er stellt nur fest: „neuerdings hat sich der Reichstag für befugt erachtet, den Ausschluß aus der Sitzung hinzuzufügen."

171) Hubrich widerspricht sich in seinen Ausführungen selbst. Er gibt nämlich (S. 427) ausdrücklich zu, daß der Begriff des Hausrechts gegenüber den einzelnen Mitgliedern der parlamentarischen Körperschaft, welche an sich nicht als Hausfremde erscheinen, gar nicht am Platz ist und daß auch der Begriff der Polizei hier, wo auch unangenehmes Verhalten des Abgeordneten von dem Einschreiten der Versammlung oder des Präsidenten derselben betroffen wird, durchaus versagt.

das Hausrecht einzig und allein vom Hausfremden verletzt werden[172]). Eine Polizeigewalt im technischen Sinn aber kann dem Präsidenten nicht zuerkannt werden[173]). Damit fällt die Annahme eines Hausfriedensbruchs in sich zusammen. So ist daran festzuhalten, daß eine Ausschließung zwangsweise nicht vollstreckt werden kann[174]).

Die Ausschließung hat nur zur Folge, daß eine Abstimmung, bei der die Stimme des Ausgeschlossenen von ausschlaggebender Bedeutung gewesen wäre — außer bei Geschäftsordnungsfragen —, wiederholt werden muß (§ 60 Abs. 3).

4. Das Rechtsmittelverfahren im Disziplinarstrafrecht.

Ein Rechtsmittelverfahren[175]) gibt es in zwei Fällen: beim Ordnungsruf und bei der Ausschließung von der Sitzung. Zulässig ist als Rechtsmittel der Einspruch[176]) gegen die verhängte Disziplinarstrafe (§ 60 Abs. 4 GeschO.), zuständig in zweiter Instanz ist der Reichstag.

Bezüglich der Formalien verlangt die Geschäftsordnung, daß der Einspruch schriftlich eingelegt werden muß, spätestens an dem der Verhängung der angefochtenen Strafe folgenden Tag. Diese Frist ist eine Ausschlußfrist nach dem Wortlaut der Bestimmung, mit ihrem fruchtlosen Ablauf ist das Einspruchsrecht erloschen. Der Einspruch wird vom Reichstag durch Mehrheitsbeschluß erledigt, indem darüber abgestimmt wird, ob der Ordnungsruf oder die Ausschließung von der Sitzung gerechtfertigt war.

Der Einspruch kommt in der Sitzung, in der er behandelt werden soll, an erster Stelle auf die Tagesordnung als „Beschlußfassung über die Einsprache des Abgeordneten .... gegen den ihm in der Sitzung vom ...... erteilten Ordnungsruf"[177]). Eine Diskussion findet nicht statt, eine Vorschrift, welche dem allgemeinen Interesse an der Wahrung der Autorität des Präsidenten entsprang. Sie ist allein in dem Fall zulässig, daß sie den Zweck verfolgt, den Tatbestand festzustellen, auf Grund dessen der Ordnungsruf oder die Ausschließung

---

172) Seydel Ann. S. 411: „dem Präsidenten steht .... gegenüber Nichtmitgliedern die Geltendmachung des Hausrechts zu."
173) Siehe unten S. 55 ff.
174) Übereinstimmend Seligmann S. 82.
175) Seydel Ann. S. 415.
176) Gegen die Zweckmäßigkeit eines Einspruchs gegenüber einem Ordnungsruf spricht sich Welcker S. 416 aus.
177) Sitzung vom 2. Mai 1911 (XII, 2, 6293).

erfolgte; daraufhin muß ohne Debatte über die materielle Berechtigung der Disziplinierung abgestimmt werden[178]).

Das Institut des Einspruchs schließt die Möglichkeit eines sofortigen Widerspruchs gegen eine Disziplinarstrafe aus; denn wenn gegen eine Verfügung ein Rechtsmittel vorhanden ist, sind alle anderen möglichen Rechtsbehelfe unzulässig[179]).

B. Die Polizeigewalt des Präsidenten im Reichstag.

Der zweite Personenkreis, auf den sich die Ordnungsgewalt des Präsidenten bezieht, ist die Zuhörerschaft. Ihr gegenüber erscheint die Ordnungsgewalt als Polizeigewalt[180]). Die Ansichten über die rechtliche Natur der Polizeigewalt, deren Handhabung nach § 62 GeschO. im Sitzungsgebäude und in den Zuhörerräumen dem Präsidenten zusteht, gehen weit auseinander. Hubrich — dem Seligmann beistimmt — spricht dem Präsidenten die Polizeigewalt im technischen Sinn zu[181]), Perels leugnet dies. Hubrich begründet seine Ansicht damit, daß zwar die Polizeigewalt im technischen Sinn, also die Gewalt Gefahren von der Allgemeinheit abzuhalten, nicht durch förmliches Gesetz übertragen wurde, daß sich aber innerhalb des Parlaments ein Gewohnheitsrecht gebildet habe, dem Gesetzeskraft zukomme. Demgegenüber ist zu betonen, daß Gewohnheitsrecht auf autonomer Grundlage niemals sich über den autonomen Kreis hinaus Geltung verschaffen kann. Die einzige Möglichkeit wäre, daß sich auch im gemeinen Recht ein Gewohnheitsrecht bildete, das die Observanz anerkennt. Davon kann aber nicht die Rede sein. Die Verfassung hat dem Reichstag Autonomie gewährt zur Regelung seines Geschäftsgangs und seiner Disziplin

---

178) Vgl. dazu die Einlegung eines Einspruchs in der Sitzung vom 29. Januar 1910 (XII, 2, 906) mit den Verhandlungen vom 31. Januar und 1. Februar 1910, wo gegenüber anderweitigen Versuchen ganz streng am Grundsatz der Verbescheidung ohne Debattierung über den Ordnungsruf selbst festgehalten wurde.

179) Präsident vom 30. Januar 1904 (XI, 1, 616); aus dem gleichen Gesichtspunkt weist der Präsident am 12. März 1907 (XII, 1, 441) und 15. März 1907 (XII, 1, 504) eine Erörterung über die Berechtigung eines erteilten Ordnungsrufs zurück und verweist auf das geschäftsordnungsmäßige Rechtsmittel.

180) Perels S. 102, Hubrich S. 439, Seligmann S. 98.

181) Wenn Hubrich S. 441 gleichwohl die Bestimmungen der §§ 63, 64 GeschO. auf das Hausrecht zurückführt und als entscheidend die Zusammenhänge mit der französischen Rechtsentwicklung und der partikularen deutschen Gesetzgebung anführt, so kann dies gegenüber dem offensichtlichen Ineinandergreifen der gesetzlichen Bestimmungen nicht überzeugen; denn wie § 62 das Recht als solches festsetzt, regeln §§ 63, 64 seine Erscheinungsformen.

(Art. 27 RV.); daß in dem Ausdruck Disziplin nicht die Polizeigewalt als solche enthalten sein kann, ergibt sich schon aus dem Gegensatz des Wesens beider Rechtsinstitute. Dann ist eine Übertragung durch die Geschäftsordnung unmöglich. Das hebt schon Perels richtig hervor, der sich im übrigen mit dieser negativen Feststellung begnügt, ohne weiter in eine Würdigung der Rechtsnatur der Polizeigewalt einzugehen.

Eine Erweiterung der Disziplin auf die Zuhörer ist ausgeschlossen, da dem Reichstag nur die Regelung seiner Disziplin zusteht. Ebensowenig kann das Verhältnis zu den Reichstagsbesuchern unter den Begriff des Geschäftsgangs, soweit man ihn auch fassen mag, subsumiert werden. Daher ergibt sich mit Notwendigkeit die Annahme — zu der sich bereits Seydel (Ann. S. 411) bekannte —, daß die Polizeigewalt nichts anderes ist als das Hausrecht, das dem Reichstag wie jedem Privatmann innerhalb des Sitzungsgebäudes zusteht und dessen Handhabung dem Präsidenten durch § 62 GeschO. übertragen wird. Daß der Ausdruck Polizeigewalt unglücklich gewählt ist, braucht nicht betont zu werden; auf diese Weise werden Mißverständnisse gefördert.

Die Kehrseite dieses Ergebnisses ist, daß der Polizei innerhalb des Reichstagsgebäudes die Polizeigewalt im technischen Sinn zusteht. Sie findet ihre Grenze dort, wo die Immunität der Abgeordneten beginnt. Die richtige Grenzlinie zu finden, wird zwar nicht immer leicht sein und daher empfiehlt es sich, daß die Polizei, wenn sie Amtshandlungen im Reichstagsgebäude vornehmen will, zuerst die Genehmigung des Präsidenten nachsucht[182]).

Da die Polizeigewalt als Hausrecht gegenüber Nichtmitgliedern des Hauses erkannt ist, folgt, daß Subjekt dieser Gewalt der Reichstag, Organ zur Handhabung wiederum der Präsident ist (§ 62 GeschO.).

Objekt der Polizeigewalt sind alle Verstöße gegen die Ordnung, begangen von Nichtmitgliedern des Hauses (mit Ausnahme der Regierungsvertreter). Indessen ist die Polizeigewalt in der Geschäftsordnung spärlich geregelt:

---

182) Vgl. die Reichstagsverhandlungen über eine Haussuchung der Polizei im Jahre 1906, wo schließlich der Präsident für alle künftigen Fälle bestimmte: „eine polizeiliche oder gerichtliche Haussuchung im Reichstag darf ohne spezielle Erlaubnis des Präsidenten in jedem einzelnen Fall auf keinen Fall zugegeben werden .... Wird die Haussuchung erzwungen, so ist Protest zu erheben und nur der materiellen Gewalt zu weichen .... In diesem Fall ist sofort, wenn nötig telephonisch, die Intervention des Herrn Reichskanzlers anzurufen". Dazu Arndt (Kommentar) S. 170. Zustimmend Abg. Arendt vom 3. Dezember 1906 (XI, 1, 4103).

1. Einzelnen Störenfrieden gegenüber hat der Präsident das Recht zur sofortigen Entfernung[183]). Die Maßregel setzt voraus, daß jemand von einer Tribüne Zeichen des Beifalls, Mißfallens gibt oder sonstige Verletzungen der Ordnung und des Anstandes sich zu Schulden kommen läßt (§ 63 GeschO.).

2. Der Allgemeinheit der Zuhörerschaft gegenüber kann der Präsident die Räumung der Tribünen veranlassen. Voraussetzung ist hier — ähnlich wie bei den Disziplinarmitteln gegenüber der Gesamtheit der Reichstagsmitglieder — das Entstehen störender Unruhe. Ihr Vorhandensein beurteilt der Präsident (§ 64 GeschO.).

Nach den räumlichen Einrichtungen des Hauses sind mehrere Tribünen vorhanden. Sollte der Präsident alle räumen lassen, so wäre das nach der in der Literatur vorherrschenden Ansicht ein unzulässiger Ausschluß der Öffentlichkeit. Dann müßte der Präsident die Sitzung unterbrechen[184]).

C. Die Ordnungsgewalt des Präsidenten gegenüber den Regierungsvertretern.

Für die Stellung der Bundesratsmitglieder, ihrer Kommissarien und Assistenten zum Reichstag sind maßgebend Art. 9 und 16 RV.[185]). Danach haben alle Bunderatsmitglieder und ihre Vertreter das Recht, im Reichstag zur Vertretung von Regierungsvorlagen zu erscheinen und jederzeit auf Verlangen gehört zu werden. Fast wörtlich wiederholt die Geschäftsordnung in § 43 diese Bestimmung und ordnet in § 48 an, daß jede Diskussion, nach deren Schluß ein Bundesratsmitglied noch einmal das Wort ergreift, für wiedereröffnet gilt. Hingegen spricht die Gesetzgebung kein Wort über das Verhältnis der Regierungsvertreter zur präsidialen Ordnungsgewalt. Allein aus der Fassung des Art. 27 RV. im Zusammenhang mit § 60 GeschO. läßt sich schließen, daß die Regierungsvertreter der Ordnungsgewalt des Präsidenten nicht unterliegen; denn nur *seine* Disziplin soll der Reichstag regeln. Dieser Grundsatz ist inzwischen auf dem Weg der parlamentarischen Übung rechtens geworden und in der Literatur fast ausnahmslos durchgedrungen. So erklärte der Präsident (I, 4, 655): „Der eigentlichen Disziplin des Präsidenten und dem eigentlichen Ordnungsruf kann meines Ermessens niemand unterliegen,

---

183) Fall der Entfernung eines Zuhörers in der Sitzung vom 17. Mai 1909 (XII, 1, 8494).

184) *Zorn* S. 244, *Perels* S. 102 N. 566, *Dambitsch* A, II zu Art. 22 RV., der die gegenteilige Ansicht überzeugend widerlegt.

185) *Seydel* Ann. S. 414, *Perels* S. 96, *Hubrich* S. 416, 421, 441, *Seligmann* S. 89.

der nicht an der Wahl des Präsidenten sich beteiligt hat oder doch sich hätte beteiligen können, d. h. niemand, der nicht ein Mitglied des Hauses ist." Hubrich (S. 422) legt den Kernpunkt scharf und deutlich dar, wenn er sagt: „Eine Disziplinargewalt im technischen Sinn hat das Bestehen eines besonderen Gewaltverhältnisses zur Voraussetzung und die Regierungsvertreter befinden sich durchaus nicht, wie die wirklichen Volksvertreter, in einem besonderen Gewaltverhältnis, dessen Trägerin ihnen gegenüber die parlamentarische Körperschaft wäre[186]." Es ist gewiß bedauerlich, daß diese praktisch sehr bedeutsame Seite des parlamentarischen Lebens eine bestimmte rechtliche Regelung nicht fand; immerhin enthält das geltende Recht genügende Anhaltspunkte zu einem befriedigenden Ergebnis.

Der Präsident hat — im allgemeinen — Recht und Pflicht, die Verhandlungen zu leiten (§ 13 GeschO.). Wer sich an ihnen beteiligt, untersteht deshalb der formellen Geschäftsführung des Präsidenten: also auch die Regierungsvertreter. Wer dies verneint, benimmt dem Präsidenten die Möglichkeit, einer geordneten Verhandlungsleitung, somit ein ihm mittelbar durch die Verfassung garantiertes Recht (Art. 27 RV. mit § 13 GeschO.). Die präsidialen Befugnisse wären illusorisch, wenn sich ein Teil der Verhandlungsteilnehmer nicht daran halten bräuchte. Außerdem: so richtig es ist, aus der Fassung der Art. 27 RV. („seine Disziplin") auf die Exemption der Bundesratsmitglieder von der Disziplinargewalt des Präsidenten zu schließen, so verfehlt wäre es, die gleiche Folgerung („seine Geschäftsordnung") hinsichtlich der Verhandlungsleitung des Präsidenten zu ziehen. Die Exemption von der Ordnungsgewalt bezweckt nämlich die Regierungsvertreter vor jedem etwaigen Angriff des Parlaments auf ihre Selbständigkeit zu schützen und das besonders auf einem Gebiet, welches — da eine erschöpfende Regelung durch geschriebenes Recht tatsächlich unmöglich ist — dem Ermessen und damit der Willkür (unter Umständen) einen weiten Spielraum gewährt. Dieser Grund fällt aber beim Punkt der Verhandlungsleitung vollständig weg, da sich diese in den statutarisch wohl festgelegten Bahnen bewegt.

Diese praktische Notwendigkeit wurde auch nicht verkannt und so ist heute — pars pro toto — fast unbestritten, daß ein Regierungsvertreter von seinem verfassungsmäßigen Recht auf Gehör erst Gebrauch machen kann, wenn ihm vom Präsidenten das Wort erteilt

---

186) Ebenso Zorn I S. 237 N. 56 und Anm. 3 zu Art. 27 RV., Rönne (Staatsrecht der preußischen Monarchie) I, 343, Meyer-Anschütz S. 332, Geffcken S. 79, Reincke N. 2a zu Art. 27 RV., Schulze S. 87, Arndt S. 151, Altmann S. 109, Jagemann S. 133 und die bei Hubrich S. 416 N. 71 angeführte Literatur.

wurde[187]) und daß der Präsident jederzeit die Rede eines Bundesratsmitglieds aus Gründen der Verhandlungsleitung unterbrechen kann[188]). Dagegen steht fest, daß gegenüber Regierungsvertretern ein Ruf zur Sache wie zur Ordnung unzulässig ist; denn beides sind bereits Mittel der Disziplin, die vor Regierungsvertretern Halt macht. Das Gleiche gilt von der Wortentziehung[189]).

Nun muß der Fall in Erwägung gezogen werden, daß ein Regierungsvertreter die Ordnung verletzt, indem er gegen die guten Sitten des Parlaments oder die allgemein anerkannten Gesetze des äußeren Anstands verstößt. Jede Möglichkeit einer disziplinellen Ahndung fehlt. Nur von einem Gesichtspunkt kann da der Präsident tätig werden: nämlich als Verwalter des Hausrechts gegenüber den Ordnungsstörern[190]). Demgemäß vermag der Präsident jederzeit einen Regierungsvertreter zu unterbrechen, um ihn auf seine Ordnungsverletzung hinzuweisen[191]). Er darf sie nicht rügen, ahnden, aber er kann sie feststellen und als das kennzeichnen, was

---

187) Ebenso Perels S. 87 und die dort abgedruckte Präsidialerklärung vom 25. April 1883; Meyer-Anschütz S. 452, Baumbach S. 39; a. M. Seydel Anm. S. 419, Seligmann S. 93.

188) Meyer-Anschütz spricht von einer Unterbrechungsmöglichkeit „zum Zweck der Geschäftsleitung": das sind alle jene Gesichtspunkte, welche auf eine ordnungsmäßige Abwicklung der Geschäfte hinzielen. Schulze S. 87, Geffcken S. 79, unter Einschränkungen auch Seligmann S. 95/96. Vgl. den Fall der Unterbrechung eines Regierungsvertreters zum Zweck der Ausübung der Sitzungspolizei in der Sitzung vom 17. Mai 1909 (XII, 1, 8494). Die Unterordnung unter die Verhandlungsleitung des Präsidenten verlanlaßte den Staatssekretär v. Tirpitz am 16. Februar 1911 (XII, 2, 4705) zu den Worten: „da möchte ich mir mit Erlaubnis des Herrn Präsidenten erlauben, diese Depesche vorzulesen". Dambitsch I, 5 zu Art. 9 RV. räumt zwar ein, daß das Recht des Präsidenten durch Ausführungen, die sich auf die Geschäftsordnung beziehen, die Debatte zu leiten, durch das Recht der Mitglieder des Bundesrates jederzeit gehört zu werden nicht beeinträchtigt werden dürfe, verneint jedoch die Befugnisse des Präsidenten, die Bundesratsmitglieder im Interesse der Leitung der Debatte zu unterbrechen oder sie in irgend einer Form auf die Ordnung des Hauses hinzuweisen. Diese Meinung ist nicht frei von Unstimmigkeiten; denn wer die unbedingte Verhandlungsleitung des Präsidenten anerkennt, darf nicht die Mittel verneinen, deren der Präsident zur Durchsetzung seines Rechtes bedarf.

189) Ebenso Arndt S. 151.

190) Was die Existenz des Hausrechts betrifft, seine rechtliche Begründung und Entwicklung, so sei auf die ausgezeichneten Darlegungen von Hubrich S. 424, 443 hingewiesen mit den auf S. 73 gegebenen Einschränkungen. Ferner Reincke Anm. 2a zu Art. 27 RV.

191) Meyer-Anschütz S. 332, 452. Seydel (Kommentar III zu Art. 27 RV.): „der Präsident kann, wo dies notwendig erscheint, Äußerungen von Bundesratsbevollmächtigten nur von gleich zu gleich zurückweisen."

sie ist. Das mag in der Form einer Bitte[192]), einer Ermahnung, eines Urteils geschehen. Oder im Hinweis auf die Folgen des Ordnungsbruchs, wenn der Täter ein Abgeordneter wäre[193]). Hubrich (S. 426) beleuchtet die rechtliche Seite treffend, wenn er sagt: „Es muß der Regierungsvertreter bei seinem Reden oder seinem sonstigen Verhalten entweder gegen die allgemein anerkannten, wenn auch ungeschriebenen Regeln des Anstands oder der Sitte oder gegen die Gesetze oder gegen einen parlamentarischen Brauch, der die Kraft eines Gewohnheitsrechts erlangt hat, sich vergangen und dadurch den ruhigen Fortgang der parlamentarischen Verhandlung gefährdet haben, wenn der Präsident der Volksvertretung als Verwalter des Hausrechts ihm mit abmahnenden oder mißbilligenden Worten entgegentreten will"[194]).

Außerdem kann der Präsident bei Ausschreitungen erheblicher Natur zu den allgemeinen Hilfsmitteln greifen und bei der vorgesetzten Behörde oder beim Kaiser auf dem Beschwerdeweg vorstellig werden. Natürlich ist der Präsident auch befugt, von dem ihm gegen die Gesamtheit der Mitglieder gegebenen Rechten der Aussetzung, Unterbrechung und Aufhebung der Sitzung Gebrauch zu machen (§ 61 GeschO.).

---

192) Präsident vom 24. März 1906 (XI, 2, 2265) einem Regierungsvertreter gegenüber: „Verzeihen Sie, wenn ich Sie unterbreche, Sie dürfen einem Abgeordneten hier nicht ..... vorwerfen. Das würde ich bei einem Mitglied des Hauses rügen müssen und ich richte deshalb an Sie die Bitte, einen solchen Ausdruck nicht zu gebrauchen."

193) Die grundsätzliche Stellung des Präsidenten zeigt scharf seine Erklärung vom 29. Februar 1904 (XI, 1, 1398): „darüber, was der Herr Minister sich gestatten kann, habe ich zu entscheiden. Wenn der Herr Minister hier etwas täte, was mit der Ordnung des Hauses nicht übereinstimmte, so würde ich mich nicht genieren, den Herrn Minister zu bitten, das zu unterlassen." Damit übereinstimmend Präsident vom 6. Mai 1904 (XI, 1, 2717): „Herr Bevollmächtigter zum Bundesrat, Sie dürfen hier in diesem Hause nicht sagen ....; diese Äußerung verstößt gegen die Ordnung des Hauses"; ferner vom 30. November 1905 (XI, 2, 29): „.... eine solche Äußerung eines Mitglieds des Bundesrats gegenüber einem Abgeordneten dieses Hauses entspricht nicht der Ordnung des Reichstags."

194) Es ist das schließlich nur eine Folgerung aus der Stellung des Bundesrats zum Reichstag und der Stellungnahme der Bundesratsmitglieder, wie sie der Graf Posadowsky vom 6. Februar 1904 (XI, 1, 748) festlegte: „Bundesrat und Reichstag sind vollkommen gleichberechtigt und wir werden uns hier im Bundesrat seitens keines Mitglieds des hohen Hauses eine Behandlung gefallen lassen, die das hohe Haus seinerseits mit Entrüstung zurückweisen würde und zwar meines Erachtens mit vollem Recht." Damit ist die Stellung des Präsidenten nach beiden Seiten hin genügend dargetan, der Angriffe der Regierungsvertreter auf das Haus ebensogut zurückweisen kann, wie er Regierungsvertreter vor Angriffen aus dem Haus schützt, vgl. Präsident vom 25. November 1908 (XII, 1, 5723) und vom 2. Dezember 1908 (XII, 1, 5919).

§ 5.

Die Tätigkeit des Reichstagspräsidenten in Bezug auf die Vertretung des Reichstags nach außen.

Die gesamte Tätigkeit des Reichstagspräsidenten, wie sie bisher Gegenstand der Erörterung war, spielte sich im parlamentarischen Kreis ab. In ihm findet aber die Rechtsstellung des Präsidenten nicht ihre Begrenzung, sie geht darüber hinaus und gerade hierin zeigt sich die Bedeutung und der Umfang der Präsidialgewalt. Es handelt sich um die Vertretung des Reichstags nach außen, welche dem Reichstagspräsidenten gemäß § 13 GeschO. zusteht („dem Präsidenten liegt .... die Vertretung des Reichstags nach außen ob").

Der Ausdruck „Vertretung nach außen" bedarf einer näheren Erklärung. Das Wort Vertretung darf nicht im Sinn des Zivilrechts aufgefaßt werden. Keineswegs ist der Präsident im Sinn des § 31 BGB. Vertreter des Reichstags; dafür fehlt schon der Hintergrund, die juristische Persönlichkeit. Dieser entbehrt ja der Reichstag nach der herrschenden Meinung[195]). Die Vertretung des Reichstags nach außen ist vielmehr die Befugnis zur Repräsentation[196]) und die Befugnis zur Erledigung aller Geschäfte, welche nicht dem eigentlichen parlamentarischen Wirkungskreis des Reichstags angehören. Darunter fällt auch die Wahrung der Autorität des Parlaments nach außen[197]). Es vermittelt der Präsident den ganzen Verkehr des Reichstags mit den obersten Reichsbehörden. Daher gehen alle Mitteilungen von Reichsbehörden, die dem Reichstag zu machen sind, an die Adresse des Präsidenten. „Der Präsident ist das not-

---

195) Arndt S. 115 und Kommentar S. 170: „der Reichstag besitzt weder Rechtspersönlichkeit noch Vermögen. Das Reichstagsgebäude steht im Eigentum des Reichs". Ebenso Altmann S. 101, Seydel Anm. S. 358, Ricker, Die rechtliche Natur der modernen Volksvertretung, Leipzig 1893, S. 38 ff., Meyer-Anschütz S. 298, 441.

196) Es gilt nicht nur den Reichstag staatsrechtlich zu vertreten, sondern auch Höflichkeitspflichten zu erfüllen, z. B. Kundgebungen des Reichstags in Form von Beglückwünschungen, Beileidsbezeugungen, Höflichkeitsakten gegenüber fremden Fürstlichkeiten und Parlamenten. Hiezu sucht übungsgemäß der Präsident die Genehmigung vorher nach oder holt sie wenigstens später ein (vgl. Sitzung vom 18. April 1910, XII, 2, 2457).

197) So verstanden war die Erklärung des Präsidenten vom 12. März 1907 (XII, 1, 428) pflichtgemäß: „am gestrigen Tag sind im preußischen Abgeordnetenhaus .... von einem Redner Äußerungen getan worden, welche geeignet sind, die Mitglieder des Reichstags zu verletzen. Ich gebe meinem Bedauern hierüber Ausdruck und weise diese Äußerungen von dieser Stelle gebührend zurück."

wendige und einzige Organ der Versammlung gegenüber der Regierung", dessen Bedeutung gerade hier nicht unterschätzt werden darf, da „das Wohl des ganzen nur durch ein regelmäßiges Zusammengehen der Regierung und der Volksvertretung erreicht werden" kann (Mohl S. 287). Dieses Gebiet kann für einen geschäftsgewandten, klugen Präsidenten äußerst fruchtbar werden, handelt es sich doch weniger um die Lösung juristisch interessanter Fragen, als vielmehr um eine vermittelnde, taktvoll im Stillen wirkende Tätigkeit, welche für ein ungestörtes, wirksames Zusammenarbeiten von Reichstag und Reichsregierung äußerst wichtig und fördernd werden kann. Bestimmend für diesen Verkehr sind Abmachungen zwischen dem Präsidenten und den Reichsbehörden, eine autonome Regelung durch den Reichstag ist nicht möglich[198]).

Welches diese Geschäfte sind, sagt die Geschäftsordnung nicht. Unzweifelhaft ist, daß dem Präsidenten des Reichstags, da diesem bereits das Recht der Enquête fehlt, eine Befehlsgewalt gegenüber Behörden, wie gegenüber dem Publikum mangelt; eine Einwirkung läßt sich nur denken durch Ersuchen des Reichskanzlers, der dann seinerseits tätig wird. Die Geschäftsordnung begnügt sich mit der Spezialisierung und Anwendung der Vertretungsgewalt auf einzelne Fälle. Sie finden sich ohne Zusammenhang in den einzelnen Abschnitten der Geschäftsordnung verstreut; schon daraus wie aus der Fassung der Bestimmungen geht hervor, daß damit die Vertretungsmöglichkeit nicht erschöpfend geregelt werden sollte, sondern diese Fälle sind — wie Perels (S. 18) sich ausdrückt — als Beispiele angeführt; typische, ständig wiederkehrende Fälle finden ihre Regelung, während für alle anderen das freie Ermessen des Präsidenten die Art der Erledigung bestimmt. Im einzelnen regelt die Geschäftsordnung folgende Fälle:

1. Der Präsident zeigt dem Kaiser die Konstituierung des Reichstags an (§ 12 GeschO.). Konstituiert hat sich der Reichstag nach Beendigung der Wahlen der Präsidenten und Schriftführer[199].) Gleichzeitig wird das Ergebnis dieser Wahlen mitgeteilt. Die Anzeige des Präsidenten an den Kaiser ist nicht nur ein Höflichkeitsakt, sondern auch das Zeichen, daß der Reichstag arbeitsfähig ist. Die Form der Anzeige ist eine schriftliche, ein Empfang des Reichstagspräsidenten durch den Kaiser anläßlich der Anzeige der Konstituierung ist üblich, aber nicht notwendig. Gewöhnlich teilt der Präsident

198) Schulze S. 83.
199) Baumbach S. 34.

dem Hause mit, daß er dem Kaiser Mitteilung von der Konstituierung des Reichstags machte[200]).

2. Bei Ausscheiden eines Mitglieds aus dem Haus hat der Präsident dem Reichskanzler Mitteilung zu machen (§ 66 GeschO.). Die Geschäftsordnung kennzeichnet auch den Zweck dieser Vorschrift: die möglichst schnelle Wiederbesetzung des erledigten Mandats. Außerdem zeigt der Präsident die Erledigung eines Mandats bei Beginn einer Sitzung dem Reichstag unter den üblichen geschäftlichen Mitteilungen an mit dem Beifügen: „wegen der Ersatzwahl habe ich das Erforderliche veranlaßt".

3. Eine Konsequenz des Prinzips der Vertretungsgewalt nach außen findet sich in der Vorschrift des § 67 GeschO. bezüglich der Adressen des Reichstags. Das Recht des Reichstags an den Kaiser Adressen abzusenden, ist in der Literatur nicht einhellig anerkannt; Inhalt einer Adresse kann eine Beschwerde oder eine Petition sein[201]). Legt bei der Beantragung einer Adresse der Antragsteller nicht gleich eine Formulierung, welche Beifall findet, vor und wird die Abfassung des Textes einer Kommission übertragen — wie immer, wenn der Antrag überhaupt keine bestimmte Formulierung vertrat —, so hat der Präsident immer das Recht, dieser Kommission anzugehören und zwar als Vorsitzender.

4. Damit hängt eng zusammen die Bestimmung des § 68 GeschO., daß der Präsident — wenn eine Adresse durch eine Deputation überreicht wird — stets Mitglied der Deputation ist und allein das Wort führt. Außerdem schlägt er die Zahl der Mitglieder vor, worüber dann der Reichstag befindet. Die Bestimmung der einzelnen Teilnehmer selbst wird durch Auslosung vorgenommen. Als historisch denkwürdig erwähnt Baumbach (S. 18) die Adresse des Reichstags an König Wilhelm von Preußen mit der Bitte um Annahme des Kaisertitels, welche der damalige Reichstagspräsident Simson als Führer und Sprecher der 30 Mitglieder starken Reichstagsdeputation am 18. Dezember 1870 in Versailles überreichte.

---

200) Vgl. Präsidenten Grafen Ballestrem vom 4. Dezember 1903: „der Reichtsag ist hiermit konstituiert und ich werde nicht unterlassen, S. M. dem Kaiser die vorgeschriebene Anzeige hiervon zu erstatten"; ferner vom 14. Dezember 1903: „. . . . nachdem Ihr Präsident die vorschriftsmäßige Meldung von der Konstituierung des Reichstages abgestattet hatte".

201) In bejahendem Sinn: Laband I, S. 308, Meyer-Anschütz S. 298 N. 9 und S. 442, Arndt S. 147 und (Kommentar) N. 3 zu Art. 23 RV., Geffcken S. 76, Dambitsch E. zu Art. 23 RV., Baumbach S. 17, Rönne S. 268, Schulze S. 82, Seydel Ann. S. 432, der seine frühere ablehnende Haltung hierin zugunsten des Adressenrechts abändert. So sandte der Reichstag am 15. März 1888 an Kaiser Friedrich III. und am 26. Juni 1888 an Kaiser Wilhelm II. Adressen ab.

§ 6.

Die Stellung des Reichstagspräsidenten zu den einzelnen Abgeordneten und zum Reichstag.

Wie bereits oben (S. 10) ausgeführt ist, baut sich die Präsidentenstellung auf der Abgeordneteneigenschaft auf. Das gibt den Schlüssel zur Beurteilung des Rechtsverhältnisses, das zwischen dem Präsidenten und den Abgeordneten besteht.

Der Präsident ist ein Abgeordneter, dem von der Gesamtheit aller Gleichberechtigten zur Führung bestimmter Geschäfte eine Reihe von Sonderrechten übertragen wurde. Die Wahl zum Präsidenten hebt den Gewählten über den bisherigen Kreis nicht hinaus und verleiht ihm keine höhere rechtliche Stellung: der Präsident bleibt Abgeordneter. Daher wird der Präsident mit gutem Recht als primus inter pares gekennzeichnet; denn ein Grad — oder ein Rangverhältnis im Rechtssinn wird nicht begründet. Dieses Verhältnis von gleich zu gleich hat Mohl (Erörterungen S. 286) trefflich charakterisiert, wenn er sagt: „Der Präsident .... ist kein Repräsentant einer höheren Gewalt und von dieser mit einem Teil ihrer eigenen Autorität bekleidet; die Mitglieder der Versammlung sind ihm nicht schon an sich untergeordnet und befinden sich nicht auf einer tieferen rechtlichen Stellung als er“. Eine Überordnung über die Abgeordneten, ein Gewaltverhältnis kommt erst zustande, sobald der Präsident sein Amt ausübt. Im Dienst ist er derjenige, welcher den Willen der Gesamtheit dem einzelnen gegenüber zum Ausdruck bringt; jetzt erst innerhalb der Funktion und innerhalb der Zuständigkeit (nach § 13 GeschO.) kann und muß er Unterordnung von den Mitgliedern des Hauses verlangen. Mit der Funktion erlischt die Überordnung[202]). Wird der Präsident als Geschäftsleiter, Ordnungsverwalter und Vertreter nach außen tätig, dann schließt er jeden Abgeordneten aus. „Alle diese Obliegenheiten sind nach der Geschäftsordnung allein in die Hände des Präsidenten gelegt. Eine Anteilnahme des Reichstags oder einzelner Mitglieder desselben mit votum decisivum ist also ebenso ausgeschlossen, wie es Einzelnen unbenommen ist, dem Präsident Wünsche zu unterbreiten und Anfragen an ihn zu richten“[203]).

---

202) Daher Präsident vom 16. Januar 1908 (XII, 1, 2487): „Herr Abgeordneter, ich bitte Sie zu schweigen, wenn ich rede. So lange ich spreche, haben Sie nicht das Recht, zu reden.“ Abg. Sachse vom 18. Januar 1910: „Ich muß ja den Anordnungen des Herrn Präsidenten nachkommen.“

203) Perels S. 18, dem sich Seligmann S. 12 anschließt. Unverständlich ist es daher, wenn der Präsident am 15. Juni 1909 (XII, 1, 8567) von einem Beschwerderecht der Abgeordneten spricht: „Zur Geschäftsordnung

Ist also kein Abgeordneter befugt, auf die Entschlüsse des Präsidenten einzuwirken, so hat das ohne weiteres zur Folge, daß nachträglich kritische Erörterungen der Amtshandlungen des Präsidenten für Mitglieder des Hauses nicht zulässig sind. Mit vollem Recht wahrt hier jeder Präsident sein Recht; denn gerade dieser Punkt ist geeignet, die Autorität des Präsidiums hoch zu halten[204].

Der Vollständigkeit halber sei erwähnt, daß es im Reichstag nicht Sitte ist, daß Abgeordnete an den Präsidenten Adressen richten. Dafür gab der Präsident in seiner Erklärung vom 29. März 1911 (XII, 2, 5953) die Richtlinien: „Nun haben meine Herren Amtsvorgänger stets den Standpunkt eingenommen — und zwar unter Billigung des Reichstags —, daß Adressen an den Präsidenten nicht der Geschäftsordnung entsprechen und daß deswegen ein solcher

---

braucht der Präsident das Wort nicht zu geben. Ich habe durchaus korrekt nach der Geschäftsordnung gehandelt. Ich bitte die Herren, die sich beschwert fühlen, eine Beschwerde einzureichen. Der Weg steht nach der Geschäftsordnung frei." Diese Auffassung ist unrichtig; denn für eine Beschwerde gegenüber Anordnungen des Präsidenten gibt die Geschäftsordnung keinerlei Anhaltspunkte.

204) Wiederholt verbaten sich Präsidenten jede Kritik ihrer Amtsführung, so 15. Februar 1904 (XI, 1, 974), 31. März 1906 (XI, 2, 2478), 4. März 1907 (XII, 1, 210), 19. März 1907 (XII, 1, 630), 5. Dezember 1907 (XII, 1, 2035), 21. Februar 1908 (XII, 1, 3329), 11. März 1908 (XII, 1, 3760), 4. April 1908 (XII, 1, 4673), 6. April 1908 (XII, 1, 4735), 14. November 1908 (XII, 1, 5536), 23. Januar 1909 (XII, 1, 6520), 13. Dezember 1909 (XII, 1, 9447), 29. Januar 1910 (XII, 2, 899), 25. November 1910 (XII, 2, 3144), 21. Februar 1911 (XII, 2, 4807), 31. März 1911 (XII, 2, 6046), 11. Mai 1911 (XII, 2, 6594), 22. Mai 1911 (XII, 2, 7029). Abgeordneter Sattler vom 19. März 1904 (XI, 1, 1998): „Es liegt mir fern, eine Kritik an dem Verfahren des Herrn Präsidenten üben zu wollen. Ich weiß, daß ich dazu durchaus gar kein Recht haben würde." Daher trat der Präsident gegenteiligen Versuchen entgegen in der Sitzung vom 7. Dezember 1904 (XI, 1, 3430): „Herr Abgeordneter, ich werde nicht dulden, daß ein Akt des Präsidenten, den er als solcher während der Ferien vollzogen hat, hier von einem einzelnen Abgeordneten kritisiert wird. Das steht dem einzelnen Abgeordneten nicht zu! Glaubt ein Abgeordneter, daß der Präsident nach einer Richtung hin in seinem Amt nicht richtig gehandelt hat, so möge er einen Antrag im Haus stellen, das einen Tadel über den Präsidenten aussprechen kann. Nur das Haus steht über dem Präsidenten, der einzelne Abgeordnete nicht." — Abg. Singer: „Ich möchte mir erlauben, in Bezug auf die Ansicht, die der Herr Präsident soeben .... kundgegeben hat, zu erklären, daß ich nicht der Meinung bin, daß aus der Geschäftsordnung oder aus einer anderen das Haus verpflichtenden Vorschrift hervorgeht, daß ein Abgeordneter nicht das Recht hat, eine Amtshandlung des Herrn Präsidenten in den Bereich seiner Äußerungen und Kritik zu ziehen. Ich bin auch nicht der Meinung, daß es den Bestimmungen unserer Geschäftsordnung entspricht, wenn eine derartige Kritik nur in der Form eines besonderen Antrags gestattet würde". — Präsident: „Es ist mir sehr wertvoll, die Ansicht des Herrn Abg. Singer zu hören. Die meinige ist es nicht und die meinige ist vorderhand hier maßgebend."

Antrag, wenn er an die Adresse des Präsidenten gerichtet ist, vom Präsidium zurückzuweisen sei. Nur deshalb ist die Zurückweisung erfolgt."

Was nun das Verhältnis des Präsidenten zum Reichstag betrifft, so klingt hie und da in der Literatur die Meinung durch, daß der Präsident auf dem Gebiet des autonomen Reichstagsrechts die erste, der Reichstag die zweite Instanz bilde. Diese Meinung entbehrt indessen jeder rechtlichen Grundlage. Den Ausgangspunkt für die Lösung der Frage bildet § 13 GeschO. Hier werden dem Präsidenten auf dem Weg der Delegation bestimmte Rechte übertragen. Der klare Wortlaut der Bestimmung, der jede Mehrdeutung verwehrt, und das bisherige Ergebnis der Darstellung ergeben übereinstimmend, daß dem Präsidenten Verhandlungsleitung und Vertretung nach außen vollständig und ausschließlich überlassen wurden, während er die Ordnungsgewalt nur zu verwalten hat[205]). So wurde der Präsident Inhaber der Geschäftsleitungs- und Vertretungsgewalt, während Inhaber der Ordnungsgewalt der Reichstag blieb. Wo aber der Präsident Inhaber eines Rechts ist, schließt er den Reichstag aus; wo er nur Ausüber eines Rechtes ist, besteht die Möglichkeit der Abänderung seiner Entschlüsse durch den Reichstag.

Prüft man nach dieser Hinsicht die Geschäftsordnung, so ergibt sich die Richtigkeit der Behauptung. Einen ausgeprägten Instanzenzug kennt die Geschäftsordnung bloß auf dem Gebiet der Ordnungsgewalt in den §§ 46 und 60 GeschO. — notwendigerweise muß dazu dem Reichstag noch die Ordnungsgewalt zustehen. Dabei spricht der Umstand, daß nicht allgemein von einem endgiltigen Entscheidungsrecht des Reichstags die Rede ist, sondern ein Rechtsmittelverfahren in den §§ 46 und 60 besonders geregelt ist, dafür, daß nur in diesen beiden genau festgesetzten Fällen der Reichstag die Beschlüsse des Präsidenten umstoßen kann. Außerdem finden sich Befugnisse des Reichstags niedergelegt in den §§ 35, 36, 40 und 52 GeschO. In allen diesen Fällen liegt keine bestimmte Entscheidung des Reichstagspräsidenten zugrunde, die durch den Reichstag nachgeprüft würde; vielmehr ergibt sich, daß der Reichstag sich in diesen immerhin wichtigen Punkten die Entscheidung überhaupt vorbehielt. Von einem Instanzenzug kann da nicht die Rede sein, geschweige, daß daraus grundsätzlich eine Überordnung des Reichstags über den Präsidenten abgeleitet werden könnte.

Daher ergibt sich als Grundsatz: überall wo für den Präsidenten die Zuständigkeitsvermutung des § 13 GeschO. streitet, ist er völlig selbständig und schaltet den Reichstag aus; in den Fällen der §§ 46,

---

205) Siehe oben S. 40.

60 GeschO. bildet der Reichstag über dem Präsidenten die zweite Instanz, sonst nicht. Eine Anerkennung dieses Satzes findet sich schon bei Seydel (Ann. S. 411): „Gegenüber den Entscheidungen des Präsidenten besteht ein Recht der Berufung an den Reichstag nur insoweit, als die Geschäftsordnung dies zuläßt. Selbstverständlich ist der Präsident aber nicht behindert, einen Beschluß des Hauses auch in einem Fall zu erholen, wo er hiezu nicht verpflichtet ist". Auch auf die oben angeführte Ansicht von Perels mag verwiesen sein. In der Praxis findet die Selbständigkeit des Präsidenten vielfach unbestritten Ausdruck[206]).

Unbenommen ist es jedoch dem Reichstag, an den Präsidenten Fragen zu stellen und ihm Wünsche zu unterbreiten, ebenso wie sich der Präsident vor einer Entscheidung über die Stimmung des Hauses vergewissern und ihr Rechnung tragen kann. Es muß sogar anerkannt werden, daß der Reichstag dem Präsidenten gegenüber zum Ausdruck bringen darf, er hätte in einem bestimmten Fall anders gehandelt: aber diese Feststellung darf lediglich dazu dienen, den Präsidenten über die Meinung des Hauses aufzuklären, unstatthaft ist jede Form der Kritik oder des Tadels.

Ihre Ergänzung findet die unabhängige Stellung des Präsidenten hierin: der Präsident wird auf die ganze Dauer einer Session gewählt nach Maßgabe des § 11 GeschO. Eine vorherige Beendigung des Präsidentenamts ist allein möglich durch freiwilligen Rücktritt. Selbst kann der Reichstag einen mißliebigen Präsidenten nicht zum Rücktritt zwingen. Aus dieser Unabsetzbarkeit folgt sogleich die Unverantwortlichkeit des Präsidenten gegenüber dem Reichstag; fehlt doch die Instanz, welche ihn zur Rechenschaft ziehen könnte.

Eine Würdigung dieser Selbständigkeit des Präsidenten gegenüber Abgeordneten und Reichstag, wie sie sich aus den angeführten Gesichtspunkten ergibt, vom rechtspolitischen Standpunkt aus kann bloß zustimmend ausfallen; denn nur auf diese Weise kann ein kraftvolles Präsidium bestehen, wie es der Geschäftsgang des Parlaments mit Notwendigkeit erheischt.

---

206) Präsident vom 13. Dezember 1904 (XI, 1, 3550): „Ich bitte mir keine Vorschriften zu machen.... Ich möchte bitten, nicht darauf hinzuweisen, was meine Pflicht ist; dazu haben Sie nicht das Recht"; vom 31. Januar 1906 (XI, 2, 932): „Was parlamentarisch ist, das habe ich zu bestimmen"; vom 16. Januar 1908 (XII, 1, 2487) und vom 11. März 1910 (XII, 2, 1985): „Das ist meiner persönlichen Beurteilung überlassen, was ich nach der Ordnung des Hauses für zulässig halte oder nicht."

III. Abschnitt.

§ 7.

Vorschläge de lege ferenda.

Ein Rückblick auf die geltende statutarische Regelung des Präsidentenamts bringt die Worte Mohls (Erörterungen S. 46) in Erinnerung, mit denen er sein Urteil über die Geschäftsordnung selbst zusammenfaßt: „Das Urteil über das Gegebene kann billigermaßen nur ein im ganzen billigendes sein". Gerade was die Verhandlungsleitung und die Vertretung nach außen anlangt, ist der Präsident statutarisch hinreichend ausgestattet; wo auch die Geschäftsordnung einmal mangels ausdrücklicher Bestimmungen versagt, da führt immer noch die Zuständigkeitsvermutung des § 13 GeschO. zum Ziel. Die Möglichkeiten, welche die Geschäftsordnung dem Präsidium bietet, genügen, um einen Präsidenten, der einigermaßen die von Mohl (Erörterungen S. 40) geforderten persönlichen Eigenschaften besitzt, eine äußerst fruchtbare Wirksamkeit entfalten zu lassen.

Eine bedeutsame Seite des Präsidentenamts ist jedoch noch nicht genügend ausgebildet: die Ordnungsgewalt. Die Ansprüche, welche die Gegenwart an sie stellt, bleiben unerfüllt.

Schon die Handhabung der Ordnungsgewalt durch den Präsidenten, wie sie zur Zeit im Reichstag üblich ist, erscheint nicht ganz einwandfrei. Wenn man dem Präsidenten auch zugestehen will, daß es nicht seines „Amtes ist, Personen, die nicht bekannt sind, in Schutz zu nehmen"[207]), so ist es doch nicht einzusehen, warum Personen, welche der Eigenschaft eines Abgeordneten oder Regierungsvertreters entbehren, gegenüber Angriffen aus dem Haus vogelfrei sein sollen[208]). Auch da müßte die Disziplinargewalt einsetzen, und dazu reichen die derzeit bereits bestehenden Mittel aus — ein Gesichtspunkt, der schon im Interesse des Ansehens der Volksvertretung nicht vernachlässigt werden dürfte.

Die jetzige Regelung der Ordnungsgewalt, welche selbst wieder auf eine keineswegs lange Entwickelungsgeschichte zurückgeht[209]), besteht seit dem Inkrafttreten der Geschäftsordnung. Von den Disziplinarmitteln kommen praktisch am häufigsten, man kann fast sagen ausschließlich, Rüge und Ordnungsruf zur Anwendung, um

---

207) Worte des Präsidenten vom 17. März 1906 (XI, 2, 2265).

208) Präsident vom 24. März 1906 (XI, 2, 2265) gegenüber einem Regierungsvertreter: „Wenn Sie nicht ein Mitglied des Hauses gemeint haben, so steht es Ihnen natürlich frei, den Ausdruck zu gebrauchen"; ähnlich am 8. April 1908 (XII, 1, 4838).

Ordnungsverletzungen zu sühnen. Diese beiden Disziplinarmittel sollen dem Präsidenten genügen, um jede Ungebühr entsprechend zu ahnden und den Täter zu einem ordnungsmäßigen Verhalten für die Zukunft anzuhalten. Die Vielgestaltigkeit einer Ordnungsverletzung nach Art und Schwere läßt sich erschöpfend gar nicht festlegen. Mag hier eine ungebührliche Ausdrucksweise, dort eine unberechtigte Kritik zu beanstanden sein, mag sich die Ordnungsverletzung bald als Entgleisung, bald als gewollte Beleidigung oder Provokation erweisen oder gar als eine Handlung darstellen, welche außerhalb des Hauses der Strafrichter würdigen müßte, immer nur stehen dem Präsidenten die beiden Möglichkeiten zur Verfügung: zu rügen und zur Ordnung zu rufen.

Daraus ergeben sich schon die Mängel des Systems[210]. Bei dem Fehlen richtig abgestufter und verschieden wirkender Disziplinarmittel gebricht es an der Möglichkeit zu individualisieren, die Strafe der Tat anzupassen und das verhängte Übel zu der Gesinnung des Täters, die Genugtuung zu der Schwere der Verletzung des Gekränkten ins gebührende Verhältnis zu setzen. Andererseits muß jede häufige Anwendung den Wert der Bestrafung mindern, wie auch die Aussicht, bei den ungebührlichsten Ausschreitungen höchstens einen Ordnungsruf gewärtigen zu müssen, kaum als Abschreckungsmittel wirken wird. Da kann man es verstehen, wenn Kutsch (S. 15) „von einer tatsächlichen Machtlosigkeit des Präsidenten und des Reichstags bei schweren Verstößen gegen die Disziplin" spricht[211].

Diese Reformbedürftigkeit des Disziplinarstrafrechts wurde auch alsbald erkannt und führte zum Gesetzentwurf betr. die Strafgewalt des Reichstags über seine Mitglieder vom Jahr 1879. Der Entwurf wurde nie zum Gesetz. Nicht materielle Minderwertigkeit war es, was ihn zum Fall brachte, sondern der Umstand, daß dieser von

---

209) Daran mag wohl die frühere optimistische Auffassung von dem Amt und den Qualitäten eines Volksvertreters schuld sein. So hat bezeichnenderweise Mohl in seinen „Vorschlägen" keinerlei Bestimmungen über die Disziplin getroffen.

210) Vgl. Äußerung des Präsidenten vom 21. Januar 1904 (XI, 1, 439): „es werden manchmal Wendungen gebraucht, denen ich geschäftsordnungsmäßig nicht gut beikommen kann, die aber um so empfindlicher für den sind, gegen den sie gerichtet sind". Daß die Regelung der Ordnungsgewalt der Verbesserung bedarf, legt bereits Mohl S. 318 und (Erörterungen) S. 84 ff. eingehend dar.

211) Bar S. 22: „daß der Ordnungsruf nicht in allen Fällen genügt, wo ein Redner gegen eine oder mehrere Personen eine schwere Injurie oder insbesondere eine Verleumdung vorbringt, ist in der Tat nicht zu bestreiten, namentlich da der Präsident gar kein Mittel hat, zu konstatieren, ob denn wirklich eine Verleumdung vorliege oder ob nicht vielmehr das Mitglied, in dem es eine schwere Anschuldigung vorbrachte, nur seine Pflicht erfüllte."

der Regierung eingebrachte Entwurf als ein verfassungswidriger Eingriff in die Autonomie des Reichstags betrachtet wurde. Da man aber die Notwendigkeit einer Neuregelung wohl kannte, so faßte der Reichstag eine Resolution, wonach sich die Geschäftsordnungskommission mit der Reform des Disziplinarrechts befassen und dem Reichstag geeignete Vorschläge unterbreiten sollte. Über jene Resolution hinaus zeitigten weder Kommission noch Reichstag irgendwelche Ergebnisse.

Will man mehr auf die Frage einer künftigen befriedigenden Regelung des Disziplinarstrafrechts[212]) eingehen[213]), so muß zunächst die Frage beantwortet werden, wieweit hier die Befugnisse des Reichstags gehen. In dieser Hinsicht kann wohl auf die Endergebnisse der eingehenden und sorgfältigen Untersuchung von Hubrich (S. 444 ff.) verwiesen werden, die ausgehend von den die Literatur bisher beherrschenden Ansichten von Seydel (Ann. S. 415) und Mohl (Erörterungen S. 49) auf Grund rechtsgeschichtlicher Betrachtungen zu dem Schluß kommt (S. 457): „Es sind für die autonomische Parlamentsdisziplin .... offenbar alle Arten von Disziplinarstrafmitteln erlaubt, welche der Gesetzgeber, der das Recht der Autonomie verliehen, etwa selbst bei der Regelung analoger Disziplinarverhältnisse anerkannt hat und welche zugleich die allgemeine Voraussetzung der parlamentarischen Disziplinarstrafen, den Abgeordneten in seinen durch den parlamentarischen Beruf gegebenen Beziehungen zu treffen, erfüllen."

---

212) Das Disziplinarrecht im engeren Sinn genügt und kann unverändert fortbestehen.

213) Bar (S. 25 ff.) erblickt die zweckmäßigste Lösung der ganzen Frage in der Schaffung eines Schiedsgerichts bei völliger Wahrung des Disziplinarcharakters. Es soll gebildet werden aus 6 Vertrauensmännern aller Parteien und drei Personen des höheren Richterstandes. Das Schiedsgericht ist ausgestattet mit dem Charakter eines ordentlichen Gerichts (wegen der Rechtshilfe), verfährt nach den Regeln der Strafprozeßordnung; der Ausspruch kann ergehen unter Ausschluß der ordentlichen Strafen auf Mißbilligung, Verlangen einer schriftlichen Ehrenerklärung, in schweren Fällen auf Exklusion und Entziehung der Wählbarkeit auf 2—5 Jahre. Diesem Schiedsgericht müßten auch die Regierungsvertreter unterstehen; ihnen könnte das Recht entzogen werden, vor dem Parlament zu erscheinen. — Dieser Vorschlag Bars, der auf die am 25. I. 1868 von einigen Herrenhausmitgliedern beantragte Errichtung von Landtagsgerichten zurückgeht, enthält gewiß viele treffliche Gedanken und Anregungen. Er krankt aber gerade an der Zuziehung von außerhalb des Parlaments stehenden Personen als Richter, läßt statt kurzer Erledigung langwierige Verfahren befürchten und wird in Hinsicht auf die Stellung der Regierungsvertreter nie die Zustimmung einer Regierung finden; so erweisen sich seine Vorschläge als theoretisch unannehmbar und praktisch undurchführbar.

In zweifacher Weise muß die Neugestaltung eingreifen: zunächst in der Ausgestaltung der Strafmittel und dann in der Vollstreckung der Strafen. In Anlehnung an den Regierungsentwurf von 1879 mag folgendes in Vorschlag kommen.

Die Erweiterung der Strafmittel beseitigt die getadelten Mißstände völlig und erhöht die Gewähr für ausreichende Sühne und Besserung. Organ der Disziplinarstrafgewalt soll nach wie vor der Präsident sein in Beseitigung des von dem Regierungsentwurf 1879 gemachten Fehlers als Organ eine zwanzig Mitglieder starke Kommission mit dem Präsidenten als Vorsitzenden zu bestellen. Das wäre der Anfang einer eigenen parlamentarischen Gerichtsbarkeit, ein Faustschlag gegen den Grundsatz unseres Rechts, keinerlei Sonderrechte und Privilegien zu schaffen; Disziplinargewalt genügt für den autonomen Kreis des Reichstags vollkommen. Auch Gesichtspunkte der einheitlichen und schnellen Erledigung eines Strafverfahrens, wie das die Ausübung durch den Präsidenten gewährleistet, sind auf diese Art berücksichtigt. Es besteht kein Grund, von einer bewährten Einrichtung abzugehen. Was die einzelnen Strafen anlangt, so würden genügen:[214])

a) der Ordnungsruf zur Ahndung geringer Verstöße gegen die Ordnung formeller Natur.

b) der Verweis als Strafe gegen Ordnungsverletzungen, welche sich inhaltlich als solche qualifizieren; er stellt eine Verschärfung des Ordnungsrufs dar.

c) Widerruf bei Beleidigungen und ungerechtfertigten persönlichen Angriffen[215]).

d) Geldstrafen[216]) ausnahmsweise bei Ordnungsverletzungen, welche sich gegen bestimmte parlamentarische Pflichten richten, z. B. Nichtbesuch der Sitzungen.

---

214) Seydel Ann. S. 414: „was die Disziplinarstrafmittel anlangt, so sind an sich die verschiedensten denkbar, wie Verweis, Ausschluß von den Sitzungen auf Zeit, Verlust der Abgeordneteneigenschaft, Geldstrafe, Haft und es ist auch die Anwendung solcher Strafmittel der parlamentarischen Übung keineswegs fremd.“ Vgl. dazu noch Kukutsch S. 18, Hubrich S. 458 ff.

215) Kukutsch (S. 18) rühmt ihm einen dreifachen Zweck nach: der Verletzte hätte eine größere Genugtuung erhalten, dem Rechtsbewußtsein des Volkes wäre mehr Genüge geschehen und die Würde des Hauses wäre besser gewahrt worden.

216) Der Einwand Hubrichs (S. 460), daß Geldstrafen unzulässig seien, weil sie nicht die allgemeine Voraussetzung der Disziplinarstrafen den Abgeordneten in seinen durch den parlamentarischen Beruf gegebenen Beziehungen zu treffen, erfüllen, ist nunmehr durch die Gesetzgebung beseitigt, da das Reichsgesetz vom 21. Mai 1906 (RGBl. S. 467) eine Geldentschädigung für die Abgeordneten einführte.

e) Entziehung des Rechts der Teilnahme an den Sitzungen des Reichstags auf Zeit bei Ordnungsstörungen, welche sich als Vergehen nach dem Strafgesetzbuch qualifizieren, z. B. bei falschen Anschuldigungen, Majestätsbeleidigungen.

f) Ausschließung für immer bei Ordnungsstörungen, welche sich als Verbrechen nach dem Strafgesetzbuch qualifizieren, und bei unter e fallenden Ordnungsverletzungen im Rückfall[217]), z. B. bei wiederholter Aufforderung zum Aufruhr.

Infolge der großen Tragweite der unter e und f angedrohten Strafen wäre ein Ausbau des Rechtsmittelverfahrens durch Ermöglichung einer Berufung an den Reichstag wünschenswert, weil die endgiltige Verhängung durch ein einzelnes Mitglied leicht zu parteipolitischen Verdächtigungen Anlaß bieten könnte.

Die Haftstrafe kann, wie Hubrich (S. 459) richtig ausführt, vom Reichstag auf Grund der Autonomie nicht verhängt werden. Dies ist umsomehr zu begrüßen, als es zur Hebung des Ansehens der deutschen Volksvertretung kaum beitragen würde, suchte man einzelne Mitglieder erst durch Freiheitsentziehung zum Bewußtsein der Würde und Pflichten ihrer Stellung zu bringen.

Weit schwieriger ist das Problem der Vollstreckung der verhängten Strafen. Der Gedanke an eine Schaffung von besonderen Vollstreckungsorganen, an eine Ausübung unmittelbaren Zwangs durch Anwendung von Gewalt und ähnliches hat auszuscheiden als der Autorität des Parlaments nicht entsprechend. Organ soll wie bisher der Präsident sein. Schon deshalb, weil die Vollstreckung auf dem Weg indirekten Zwangs erreicht werden soll. Freilich ist nach den bisherigen Erfahrungen nicht anzunehmen, daß jeder Abgeordnete die über ihn verhängte Strafe anerkennen und über sich ergehen lassen wird. Dann besteht die Vollstreckung in der Verhängung von Nachteilen, welche die Abgeordnetenrechte teilweise oder ganz illusorisch machen auf Grund autonomer Regelung:

a) beim Ordnungsruf und Verweis genügt die einfache Erteilung durch den Präsidenten; weitere Vollstreckungshandlungen erscheinen entbehrlich;

b) der Widerruf wird vollstreckt durch die Wortentziehung bis zur Erklärung. Eine amtliche Verlautbarung der Maßregel durch öffentlichen Anschlag — wie Kukutsch (S. 18) wohl als Vollstrek-

---

217) Über die Befugnis des preußischen Herrenhauses zur zeitlichen wie dauernden Ausschließung eines Mitglieds vgl. Hubrich S. 438. Derselbe S. 458: „vor allem ist eben die Ausschließung eines Abgeordneten als parlamentarisches Disziplinarstrafmittel .... statthaft und zwar .... sowohl die totale, wie konsequenterweise dann auch die temporäre.“ Zustimmend Mohl, Erörterungen S. 98.

kungsmaßregel annimmt — in allen Gemeinden des Wahlkreises des bestraften Abgeordneten kann nicht gebilligt werden. Jede Flucht in die Öffentlichkeit wäre ein Armutszeugnis, der Autorität des Hauses kaum günstig; vielmehr muß der Grundsatz gewahrt werden, daß alles, was innerhalb des parlamentarischen Kreises geschieht, auch innerhalb des Hauses seine Sühne findet;

c) die Geldstrafen werden — in Weiterführung des Gedankens, daß sie nur wegen besonderen parlamentarischen Pflichtverletzungen verhängt werden sollen — vollstreckt durch Nichtauszahlung von Diäten;

d) der Ausschluß eines Abgeordneten auf Zeit wird vollstreckbar durch die Bestimmung, daß er für die Zeit des Ausschlusses kein Recht hat, sich durch Antragstellung, Wortmeldung, Abstimmung usw. an der Verhandlung zu beteiligen. Gegenteilige Versuche entbehren der Rechtskraft, z. B. eine dennoch abgegebene Stimme zählt nicht.

Lediglich der Ausschluß eines Abgeordneten für immer kann durch direkten Zwang vollstreckt werden. Ist die Strafe einmal ausgesprochen, so ist der Bestrafte nicht mehr Abgeordneter, er ist Hausfremder und gegen ihn tritt bei Widerstand das Hausrecht des Präsidenten in Kraft: er kann gewaltsam entfernt und seine Bestrafung wegen Hausfriedensbruchs durch die ordentlichen Strafgerichte veranlaßt werden.

Erst eine Regelung der Ordnungsgewalt, welche der Präsidialgewalt derart weitgehende Befugnisse zur Verfügung stellt, hat Aussicht, den Anforderungen der Gegenwart zu genügen und ist befähigt, die Würde des Hauses im eigensten Interesse kräftig zu wahren. Nicht ein Disziplinarstrafrecht, das die letzten Folgerungen zieht, sondern falsche Rücksicht und Schwäche sind es, welche dem Ansehen der deutschen Volksvertretung gefährlich werden können.

Kolibri 360 GmbH
Ferdinand-Jühlke-Straße 7
99095 Erfurt, Deutschland
produktsicherheit@kolibri360.de